犯罪现场调查

许大鹏（知名心理作家）◎著
京师心智（专业心理教育机构）◎组编

台海出版社

图书在版编目（CIP）数据

犯罪现场调查 / 许大鹏著 . -- 北京：台海出版社，
2018.5（2024.3 重印）
ISBN 978-7-5168-1828-2

Ⅰ . ①犯⋯ Ⅱ . ①许⋯ Ⅲ . ①犯罪现场—现场勘查
Ⅳ . ① D918.4

中国版本图书馆 CIP 数据核字（2018）第 072383 号

犯罪现场调查

著 者：许大鹏

责任编辑：刘 峰 贾凤华
责任印制：蔡 旭

出版发行：台海出版社
地 址：北京市东城区景山东街 20 号 邮政编码：100009
电 话：010 — 64041652（发行，邮购）
传 真：010 — 84045799（总编室）
网 址：www.taimeng.org.cn/thcbs/default.htm
E - mail：thcbs@126.com

印 刷：三河市嘉科万达彩色印刷有限公司
开 本：710 毫米 × 1000 毫米 1/16
字 数：178 千字
印 张：14
版 次：2018 年 5 月第 1 版
印 次：2024 年 3 月第 2 次印刷
书 号：ISBN 978-7-5168-1828-2
定 价：59.80 元

前　言

在美国，有一个隶属于司法部的组织被人们熟知，这个组织就是美国联邦调查局。该机构的英文缩写是"FBI"，这个缩写也代表了该局所坚持贯彻的信念——忠诚（Fidelity）、勇敢（Bravery）和正直（Integrity）。对于美国社会各界来说，FBI 就代表着美国联邦警察，它负责调查触犯美国联邦法的犯罪、调查他国的情报组织以及恐怖活动，并对美国各州以及国际上的相关机构提供必要的帮助。在美国宪法中，FBI 在反暴行、反间谍、反恐、高级知识分子犯罪以及毒品或有组织犯罪等方面享有最高优先权。

现如今，FBI 已经发展为拥有 20000 多名工作人员的大型司法机构，它的总部坐落于华盛顿特区的 J.Edgar hoover 大厦。这座外形酷似大型堡垒的建筑于 1974 年投入使用。不过，在最初的时候，美国联邦调查局只是一个小型侦探机构。在 19 世纪初，美国的政府机构还是以雇佣私家侦探的形式来处理案件，一直到 1908 年美国西部猖獗的"非法出售土地行为"激怒了当时的美国总统西奥多·罗斯福，在他的授权下，美国司法部成立了一个小型侦探机构，专门用来处理非法出售土地的罪行，这个机构就是 FBI 的前身。直到 1909 年 5 月，该机构才正式拥有了"调查局"的名称，在 1935年 7 月 1 日最终更名为"美国联邦调查局"。1924 年 5 月 10 日，约·埃德加·胡佛成为联邦调查局的局长，他在二战和美国民权运动期间领导 FBI将近 50 年。

联邦调查局正式设立之初的主要任务是调查违反联邦法的犯罪行为（如盗窃、抢劫、违法使用土地等），在一战和二战的时候，FBI 将工作重心转移到调查外国间谍和打击恐怖活动等方面，随后 FBI 也进行了饱受指责的对"持不同政见者"的调查行动（如驱逐卓别林，调查爱因斯坦、马丁·路德·金等）。2001 年是 FBI 历史上的重大转折点，该年 9 月 11 日发生的 9·11 恐怖袭击事件，将 FBI 的目光转移向恐怖主义，FBI 出动了将近 1/4 的特工和专业人员，对恐怖组织展开了猛烈打击。

尽管 FBI 在美国的历史上有着一些引起公众不满的"争议行动"，但这些行动并不能抹杀 FBI 的功绩。FBI 不但是打击三 K 党（美国的种族主义组织）的主要力量，还在 20 世纪 30 年代逮捕了一批臭名昭著的绑架、抢劫、杀人犯，并在二战期间抓获了多名在美国执行破坏任务的纳粹间谍，它还打击了美国国内的犯罪团伙（如詹卡纳家族和高提家族）。由此可见，FBI 是具有强大执法能力的组织，它在美国人心目中是法律和正义的象征。

联邦调查局从成立至今的 100 多年历史中，曾协助、接手、破获过多起臭名昭著的恶性案件。这些案件是 FBI 历史中不可缺少的重要组成部分，这些案件的破获不仅塑造了 FBI 正义和无所不能的"超级警察"形象，同时保卫了美国社会的安宁和美国人民的利益。本书就是从这些 FBI 所经手的大案、要案入手，深入讲解 FBI 的办案手法，希望对读者朋友们有所裨益。

目 录

第一章

"头号公敌"——银行大劫案

　　尽管约翰的这些行为还不足以上升到触犯美国联邦法律的地步，但联邦调查局依然被请来参与调查此案。这次调查行动也是联邦调查局首次在职权范围之外侦办案件，他们使用了当时最先进的指纹识别技术，迅速确认了犯案嫌疑人的身份并在全国悬赏通缉。

　　二十世纪三四十年代，美国正处于经济大萧条时期，这个时期也是犯罪行为的高发期。美国历史上著名的雌雄大盗（邦尼、克莱德）和老妈巴克尔（巴克尔带领自己的儿子进行抢劫）就是该时期有名的匪徒"明星"。不过，尽管雌雄大盗和老妈巴克尔名噪一时，备受媒体关注，但他们的知名度却远远不及另一个十分危险的罪犯——约翰·赫伯特·迪林杰。

　　约翰是活跃于美国中西部地区最著名的银行抢劫犯，他曾经组织过多次抢劫行动，其中就包括 24 家银行和 4 家警察局，还有过两次成功越狱的记录，他还被法庭指控与数名警察的死亡有关。值得一提的是，二十世纪三四十年代，美国猖獗的犯罪行动也进一步推动了联邦调查局的发展与完善。

　　有人说，匪徒和明星类似，是可以一夜成名的，约翰就是这样一名匪徒。约翰·赫伯特·迪林杰，1903 年 6 月 22 日在美国印第安纳州首府印第安纳波利斯的橡树山出生，他的父亲叫约翰·威尔森·迪林杰，母亲叫玛丽·艾伦·茉莉·兰斯卡斯特。迪林杰夫妇共生育了两个孩子，约翰是第二个，他还有一个姐姐。约翰的父亲是一家杂货铺的老板，他为人古板苛刻，对自己和孩子都有着十分严格的要求，在教育子女方面，他奉行"棍棒底下出孝子"的准则。

　　约翰的姐姐出生于 1889 年 3 月 6 日，比约翰年长 4 岁。1907 年，约翰的生母去世，同年约翰的姐姐嫁给艾莫特·费雷德·汉考克为妻，并在第二年生育了他们的第一个孩子。约翰的父亲在 1912 年 5 月 23 日与伊丽莎白·利兹·菲尔德再婚，约翰自此离开父亲，开始跟随自己的姐姐生活。在约翰的一生中，他一共只度过了 7 年校园生活。在上学期间，他经常因为打架斗殴和手脚不干净而招惹麻烦，再加上他还热衷于欺凌小同学而被人们认为患有人格障碍，种种劣迹使约翰不得不离开学校，提前进入社会，参加工作。

离开学校后，约翰就在一家五金店找到了工作。平日里他做工很努力，但他的性格也很放纵，在生活中挥霍、奢靡，对自己从来不加以约束。父亲很担心城市生活会毁了他，于是便督促约翰尽早搬离大城市，回到乡下生活。1920 年，约翰遵从父亲的意愿搬往莫斯维尔生活，但是新的环境并没有改掉约翰的坏毛病。1922 年，约翰因偷车被当地警方抓捕，他的父亲一怒之下就决定与约翰断绝父子关系。

为了逃避责任，约翰决定加入海军，但仅仅过了几个月，他又一次惹上了麻烦。约翰利用服役船舰停靠在波士顿港口的机会擅自离开船舰，前往波士顿寻欢作乐。这一行为很快被军队发现，于是军队以擅离职守的名义将约翰开除。

离开军队的约翰回到莫斯维尔讨生活，在一次偶然的机会下，他邂逅了贝瑞·伊萨·霍维斯，两人一见钟情，迅速坠入爱河。1924 年，约翰和贝瑞在马丁维尔举行婚礼，这本来是一件幸福的事，但婚后约翰还是不能拥有稳定的工作，没有工作没有收入，自然也就无法保证婚姻延续。1929 年 6 月 20 日，约翰和贝瑞决定离婚。

离婚后，约翰更加消沉、偏激，长时间没有工作不仅让他难以维持生计，还让他产生不劳而获的想法，于是约翰就联合一个名叫艾德·辛格顿的朋友，策划了人生中的第一次抢劫行动。约翰和艾德按照事先设计好的计划，成功地从一家杂货店抢走 120 美元，但他们在逃离的时候被一位牧师认了出来，这位牧师向警方进行了举报，约翰和艾德于次日被捕。

在警方的审讯中，艾德坚称自己无罪，而约翰则在他父亲的劝说下承认了罪行。法庭最终以蓄意抢劫的罪名，判处约翰 10 年监禁。约翰的父亲在随后的采访中，表示自己非常后悔，他认为是自己的建议使约翰受到了不公正的判决。面对如此严厉的量刑，约翰的父亲多次恳求法官减少刑期，但均遭到拒绝。在押运约翰前往当地监狱的途中，约翰曾尝试逃跑，但没有成功。

这次判决对约翰来说影响是非常严重的，他曾在入狱的时候说："当我出来的时候，我将成为你们见过的最卑鄙的暴徒。"至此，约翰开始仇视社会，他开始主动和其他罪犯为伍，向一些经验丰富的罪犯学习如何更巧妙地实施犯罪，这些人里面就有银行劫匪哈瑞·皮尔波特和罗塞尔·鲍比·卡拉克。

约翰好像天生就有犯罪的潜质，他在与其他罪犯相处的过程中，很快就学会了如何成功地实施犯罪。三人还相互约定，在获释后就马上"大干一场"。与此同时，约翰的父亲也四处奔走，希望能够找到帮助约翰减刑的方法。功夫不负有心人，约翰的父亲终于获得了一份188人签字的请愿书，他将请愿书提交法院，希望能够帮约翰减刑。

1933年5月10日，在监狱度过了将近4年的约翰提前获释。这时恰逢美国经济大萧条，各行业凋敝萎缩，企业工厂倒闭，绝大多数人失业，全凭领取政府救济来生活。在这种大环境的影响下，约翰依然不能找到工作。迫于生活压力，他很快就开始重操旧业，再次通过犯罪行动来获得金钱。

约翰在1933年9月22日动手抢劫了俄亥俄州布拉夫顿的一家银行，但是这次抢劫行动并不算成功，当地警方在很短的时间内就追踪到他的行迹，并在俄亥俄州利马郡将约翰抓捕入狱。入狱之后，警方在约翰身上搜到一份越狱计划（这份计划实际上是约翰负责协助皮尔波特、卡拉克以及其他六名同监狱的罪犯越狱，他们准备利用朋友偷偷运进监狱内部的来复枪来实施越狱），但是约翰拒绝交代该计划的内容。

1933年10月12日，约翰被捕后的第四天，有三名越狱者来到了利马郡，他们伪装成来自印第安纳州的警官，声称此次前来利马郡是为了将约翰押解回原籍关押。在交接之前，利马郡的狱警要求他们出示相关证件，这三名谎称警官的越狱者随即暴起发难，将狱警击昏在地，将关在监狱中的约翰救出并一起潜逃回印第安纳州，与其他几名越狱者会合。在警方的档案中，这几名越狱者（约翰、皮尔波特、卡拉克、查尔斯·马克里、沃尔特·戴崔茨、哈利·克普兰）就是"最初的迪林杰帮"。

约翰利用 4 年的监狱生活精心研究了抢劫技巧，在与这些"同伙"相聚之后，他就开始将这些想法一一付诸行动，约翰在之后的每一次抢劫行动中都有着十足的信心，警察追得越紧，他们抢劫的频率就越高。约翰在实施抢劫之前，通常会乔装成生产银行警报系统的公司的销售代表，以推销安保设施的名义来了解银行内部的安保结构，他利用这种方法成功抢劫了多家印第安纳州和俄亥俄州的银行。约翰的团伙还曾经乔装成一个拍摄抢劫银行桥段的剧组，通过这样的伪装来对自己看中的目标实施抢劫，结果他们真的在有群众围观的情况下顺利实施了一次抢劫。

根据警方估算，约翰所实施的多起银行抢劫案所涉案的金额高达 30 万美元，为了方便抢劫银行，约翰还曾多次抢劫警方武器库来获得武器。尽管约翰的这些行为还不足以上升到触犯美国联邦法律的地步，但联邦调查局依然被请来参与调查此案。这次调查行动也是联邦调查局首次在职权范围之外侦办案件，他们使用了当时最先进的指纹识别技术，迅速确认了犯案嫌疑人的身份并在全国悬赏通缉。

FBI 的加入使得约翰等人不得不更加小心地应对，他们停止了一切抢劫行动，所有人都隐藏身份偷偷住进了国会饭店，以此来躲避 FBI 的搜查，但一次意外事故暴露了他们的行踪。国会饭店因为一次意外而失火，约翰等人因为逃跑得过于匆忙而没能携带自己的行李（赃款），在逃出酒店之后，查尔斯·马克里付给消防员 12 美元，请求消防员帮助他们取回行李，这一举动也让消防员有机会看清楚约翰团伙内部其他几位成员的相貌。随后，这名消防员认出了这些人，他向警方举报，警方迅速展开行动，抓捕了团伙中的 5 人，这 5 人中就有约翰，并从这些人身上搜出了 3 挺冲锋枪、6 挺机关枪和 25000 美元的现金。

被捕的 5 人被警方押往印第安纳州接受审判，暂时收押进克朗波因特监狱中。这一次警方为了防止约翰逃脱，增派了大量人手对他严加看管，但约翰已经不是当初那个初出茅庐的毛头小子了。他悄悄地用木头雕刻出一支木质手枪，并在木枪外边涂上黑色的鞋油，将这支木枪伪装成真枪，并在一名狱警大意的情况下使用这把"枪"挟持该狱警作为人质，以此胁迫其他警察，成功摆脱了警方的追踪。接下来，约翰开始了跨州逃亡，对此，联邦调查局也正式展开了全国范围的大搜捕行动。

约翰悄悄潜入芝加哥，他和新交的女朋友伊芙琳·弗莱切特一同生活，不久他们决定前往明尼苏达州的圣保罗和其他团伙成员碰头。但是他们引起了所租住公寓房东的怀疑，并在 1934 年 3 月 30 日被房东向 FBI 举报。经过一段时间的监听，FBI 确定约翰就居住在该公寓中。在警方进行抓捕之前，一名试图进入公寓的团伙成员发现了状况，他向警方开枪，随后整个团伙一起向警方开火，并在警方支援到达之前从公寓的后门逃脱。在逃跑的过程中，约翰因中枪负伤而急需医治，于是他就悄悄躲藏在他女朋友父亲的家中接受医治。不久，伊芙琳在回芝加哥看望朋友的时候被警方抓捕，但是她拒绝交代约翰的下落。

约翰在伤势痊愈之后马上展开了报复性行动，他们在印第安纳州抢劫了一个警察局，然后在联邦调查局特工赶来之前潜逃到密歇根州。4 月，约翰和他的团伙躲藏在威斯康星州一家名叫小波西米亚的旅社，他们向店主艾莫尔·瓦纳卡保证不会给这家旅社招惹麻烦，并且他们还对店主一家实施了监视和威胁。一天，店主的老婆和她的哥哥成功躲开了团伙成员中负责盯梢的"娃娃脸"尼尔森，并向芝加哥的检察机关送了一封检举信，检察官办公室迅速联系了联邦调查局，FBI 连夜展开紧急调动。

数日后，FBI 派遣一支由休·克雷格和梅尔文·帕维斯所带领的队伍，趁着即将退去的夜色悄悄靠近小波西米亚旅社，这时旅社门前的狗大声叫了起来，但因为这两只狗平日里也经常叫，所以并没有引起约翰等人的注意，他们甚至都没有派人前去查看。直到 FBI 错误地击倒了一名早起的本地居民和两名司机以后，犯罪团伙才意识到联邦调查局已经悄悄潜入，他们马上对 FBI 发动攻击，短暂的交火之后，"娃娃脸"尼尔森将探员卡特·鲍姆射杀，犯罪团伙全部成功逃离。

1934 年 4 月，约翰仿佛人间蒸发一样消失了，FBI 没有任何线索可以追查到他。实际上约翰对自己做了整容手术，他修直了鼻梁，剪细了眉毛，将棕色的头发染成黑色，并蓄起了胡须，他还使用酸性物质腐蚀了自己的指尖，以此来消除指纹。约翰对自己的易容术很有自信，同年夏天，他就在全国通缉的情况下公然在芝加哥北区定居，不仅找到了一份工作，还包养了一名叫波利·汉米尔的女招待。虽然波利并不清楚约翰的真实身份，但是她的房东安娜·萨奇却察觉了约翰的真实身份。安娜在美国经营一家妓院，她正面临着被美国驱逐出境的难题，为了能够获得在美国的永久居住权，安娜决定向警方举报约翰。

1934 年 7 月 21 日，安娜联系了警方，她告诉 FBI，约翰正和一名妓女住在一起，他们还会在第二天去看一部名叫《曼哈顿闹剧》的电影。安娜还同意在看电影的当天穿上醒目的红裙子，以便于警方能够在人群中认出她。FBI 迅速展开行动，联邦调查局局长约翰·埃德加·胡佛专门授权组成了抓捕约翰的特别任务小组，指挥部就设在芝加哥，并派出 16 名精锐的联邦探员在林肯北大道的拜尔格拉芙影院周围设伏。

根据 FBI 内部档案记载，这一天出奇的燥热，当天气温超过 37.8℃，晚上 8 时 30 分，探员们发现约翰和波利以及安娜一同走进电影院，约翰穿着白色上衣，打着黑色领带，下面穿着灰色的法兰绒裤子，头戴白色草帽。两小时之后，他们 3 人从前门走出，但是当警方准备实施抓捕的时候，约翰突然惊觉，他迅速地拔出一把口径为 38 毫米的手枪并跑向一条小巷，当时一共有 3 名探员开枪，共打出 5 发子弹，约翰身中 3 枪，两枪击中胸部，一枪从脖颈后射入，从右眼睛射出。当日 22 时 50 分，FBI 正式宣布约翰·赫伯特·迪林杰死亡。联邦调查局称约翰死前没有遗言，并将其尸体在伊利诺伊州的库克郡对公众开放，后葬于皇冠山墓地。

第二章

美国最著名的绑架案——林德伯格绑架案

在联邦调查局的历史上，林德伯格绑架案是有着里程碑意义的，这起案件使得联邦调查局第一次获得对地方案件的管辖权，美国国会通过了以林德伯格命名的"林德伯格法案"。法案规定，如果有绑架案在一周之内未能侦破，那么就推定绑匪已经穿越了州界，此时联邦调查局就自动享有对该案的管辖权，直到案件结束。

1932 年 3 月 1 日晚，在位于新泽西州一个面积达 160 公顷的农场内，发生了一起儿童绑架案。据照看孩子的保姆所说，当时这个 20 个月大的孩子已经上床入睡了，而他的父亲林白在回家后为了不打搅孩子的睡眠，并没有立刻去看他。22 时，保姆贝蒂去婴儿室开暖气，但室内沉寂的氛围让她感到不妙，她发现婴儿不见了。贝蒂迅速找来孩子的父亲林白，林白打开婴儿室的灯，室内一切保持原样，即便是孩子睡觉时所使用的毛毯都没有移动的痕迹，但孩子却消失了，窗台上的百叶窗有着明显被破坏的痕迹，但室内除了消失的婴儿之外并没有丢失任何一样东西，反倒是窗台上多了一个白色信封。林白通过这封信得知，自己的孩子被绑架了。

当晚 22 时 25 分，林白在自行搜索无果之后，决定向警方报案。22 时 40 分，当地警方到达案发现场。22 时 46 分，警方以电报的形式通告全州，命令各地实施交通管制，并拦截一切载有身穿睡衣的婴儿的车辆。23 时，整个新泽西州的交通要道全部设立了路障，而其他各州也开始排查上述车辆。按道理来讲，在当时，美国婴儿失窃虽不常见，但也谈不上是大案，更不消说出动整个州的警力来搜查嫌犯。那是什么原因导致此案如此兴师动众，被美国警方重点关注呢？这其实和孩子的父亲——林白有着直接的关系。

林白，全名叫查尔斯·奥古斯都·林德伯格二世（1902 ~ 1974）。林白出生于美国密歇根州的底特律，有着瑞典人的血统，他的父亲是一名国会议员，母亲是底特律的一名高中化学教师。在林白还很小的时候，他的父母感情出现了问题，分居是他们解决这个问题的方法。林白因从小跟随母亲长大，所以在幼年的时候对药物学很感兴趣，高中毕业后林白移居加州，并在 1920 年进入威斯康星大学地逊分校就读。两年后林白主动终止了自己的大学课程，他找到了新的乐趣——飞行。林白于同年成为内布拉斯加州飞机公司飞行学校的学生，并于 1922 年 4 月 9 日首次参与飞行，于 1923 年 5 月在阿梅里克斯进行第一次单人飞行，同年林白在阿肯色州湖村完成首次夜间飞行。

1924 年 3 月 19 日，林白加入美国陆军航空部队，开始了为期一年的飞行员训练，在即将毕业的 8 天前，林白遇到了人生中第一次飞行事故，他与另一架飞机相撞，被迫跳伞逃生。此后林白正式开始飞行的职业生涯，他成为美国军方的空邮师，当时飞行条件极差，全国共计 40 名空邮师，在飞行中先后有 31 名丧生，但林白总能从恶劣的天气条件下逃生，这为他赢得了"幸运林白"和"空中傻瓜"的称号。

特立独行和大胆的行事风格使"疯狂"成为人们对林白的主要印象，"孤鹰"也成了林白的另一称号。林白一生中共经历了 4 次飞机失控，每当这个时候他总会站在机翼上一跃而下，每次死里逃生之后，林白对自己的飞行技术就更加自信。

1927 年 5 月 20 日，林白的人生迎来了第一次重大转变，他决定参加从纽约到巴黎的飞行大赛。这次飞行需要跨越大西洋，并且不能在中途停留休息。为了完成这次飞行，林白决定降低飞机的自重，他取消了制动系统和无线电，去掉了降落伞，他在飞行中与黑暗、云层、大雾、冻雨斗争，为了不让自己睡着，他甚至尝试让自己的双眼轮流休息。在经过种种考验之后，林白所驾驶的"圣路易斯精神号"在飞行了 33.5 个小时后，成功降落在巴黎，完成了本次飞行。

林白所不知道的是，在他飞行的过程中，他的竞争对手相继失败，很多人因此丢了性命，只有他完成了本次飞行。人们纷纷向《纽约时报》打电话，他们迫切地希望得到这次大赛仅存的这名参赛者的消息。在林白飞跃大西洋的时候，一座大型拳击赛馆内的近 4 万名观众为他祈祷，当他的飞机成功降落的那一刻，整个巴黎沸腾了，共计 15 万人参加了此次欢迎仪式。据林白回忆说，他当时险些被涌上来的人踩死。

这次飞行使得林白成了当时世界上最为出名的人，在林白返回纽约后，共计 400 万人参加了庆祝游行，这是美国历史上最盛大的庆祝游行。此后林白开始了历时 3 个月的环美庆祝游行，将近 3000 万的美国观众参与了他的游行，他们看到了真实的林白。在当时，美国全国的人口数不过 1.2 亿，也就是说将近 1/4 的美国民众认识并崇拜林白，这名年仅 25 岁、原本名不见经传的飞行员一跃成为美国最当红的人物。但此时的林白已经不堪盛名之累，他决定回归原来的生活，他和一名金融家的女儿安·莫罗结了婚，婚礼仪式简单而又低调，林白竭力避开媒体的关注。

一年后，安即将分娩，林白对这件事情严格保密，一直到他的孩子小查尔斯·奥古斯都·林德伯格出生后的第 10 天，媒体才得知这一消息。媒体是不会放过这个炒作的机会的，他们用"小鹰""幼鹰"来称呼这个刚刚 10 天的孩子。祝贺的电报、鲜花、信件、礼物像雪片一样从四面八方寄来。"幼鹰"的生活，每天喝了多少奶，换了几片尿布都成了各大报社追捧的消息，这使得小林德伯格的受关注度甚至超过了大多数西方皇室子女。林白非常厌恶这样的生活，他带着自己的家人搬到了新泽西州的豪宅中，他想在这里保护他的孩子，但他失败了。

小林德伯格被绑架一案成为美国历史上最为轰动的刑事案件，警方为此展开了拉网式的搜索行动，但他们的大规模搜索仅仅找到了一架梯子和一对鞋印，而犯罪现场技术专家弗兰·凯利在案发现场也没有搜索到任何带有指纹的物品，甚至绑匪遗弃的梯子以及凿子（绑匪用来破坏窗户）上也没有指纹存在。警方依次排查了曾在林白家工作过的 29 名仆人，并将当时贴身照顾小林德伯格的保姆贝蒂作为重点怀疑对象，但他们并没有在这些人身上找到任何破绽，这让林白非常愤怒，他决定亲自操控这个案件的进展。

　　林白从那封有 3 个小洞的敲诈信中得知，对方想用小林德伯格换取 5 万美元赎金，并要求这笔钱必须由 20 元、10 元以及 5 元面值的钞票组成。林白认为绑架者想要的无非是钱，而他想要的是孩子，让婴儿安全回家的最好方法就是按照绑匪的要求去做。

　　林白在报纸上公开发表声明，说他愿意与匪徒做私下接触或者与匪徒指定的人接触，并会严格保守秘密。这种声明与警方所遵守的原则是完全相反的，但鉴于林白当时的声望，警方竟然公然让步。尽管在之后的声明中，警方强调了林白夫妇所经受的痛苦和迫切希望儿子回归的愿望，但他们也暗示绑匪是不能逃脱法律制裁的。

　　3 月 4 日，林白收到了绑匪寄来的第二封勒索信，在信中，绑匪不仅语气恶劣，还将赎金的数目提高到了 7 万美元。警方注意到绑匪信中有很多常规词汇的用法是错误的，但有些很难的词汇却使用正确，由此可以推测绑匪的英语水平不高，很可能是外来移民。参与此案的联邦调查局笔迹检验专家认定这两封勒索信是出自同一人之手，但林白认为抓走他儿子的一定是一个很有实力的犯罪团伙。林白开始与黑社会接触，试图通过这种途径来与匪徒取得联系。警方再次让步，他们同意林白与黑社会接触。在此时的林白家，人们会见到一幅很奇特的画面，警探和黑社会成员共处一室，他们以不同的形式为林白服务。

　　就在案情进展停滞的时候，一个名叫康登的中学教师通过报纸与绑匪取得了联系，他不仅愿意充当林白与匪徒之间的中间人，还愿意将自己的 1000 美元作为额外的赎金交予绑匪。3 月 12 日晚，康登首次与绑匪见面，他按照绑匪的指示在伍德公墓与绑匪进行了首次沟通，这名绑匪声称自己的团伙共有 4 人，他们中间还有一名政府的高级雇员。在康登和绑匪会面的同时，林白也通过自己的渠道来筹集赎金，他与财政部通了电话，希望能够得到财政部的帮助。财政部要求在赎金上做上标记，以便于匪徒在今后使用这些钱的时候能够找到他们的踪迹。

当时美国财政部已经准备将现行的金圆券取消，改为发行银圆券，所以财政人员建议林白把金圆券作为赎金的主要组成部分，在将来的某一天匪徒会将这些金圆券兑换成银圆券，如果匪徒这样做了，那他就很容易被警方抓获。这个建议与林白的目的并不冲突，他接受了财政部的建议，用金圆券筹集了赎金。尽管匪徒要求所有的钱都不允许连号，但每一张金圆券还是被银行以特殊的记号记录在案。

4月2日晚8时左右，康登等到了匪徒见面交易的通知。林白得知这个消息以后，马上就按照匪徒的要求行事，并且他拒绝了警方在赎金交付地点秘密埋伏警察的提议，他甚至不允许警察跟踪康登。如果警方想要行动，那就必须等到他的孩子安全回来后才能开始。警方再次向林白妥协，这让人难以置信。

匪徒此次和康登约见的地点是雷蒙兹公墓，在这里康登把钱交给了对方，但林白的让步并没有换回他的孩子，匪徒只是提供了可能找到他儿子的线索——小林德伯格在霍斯内克海滩上停靠着的一条船中。林白在得知这条线索之后并没有表现得十分暴躁，他马上驾驶着飞机飞往霍斯内克海滩，尽管他很努力地将整个马萨诸塞州的海滩寻了个遍，但他依然没能找到那条载着小林德伯格的船。接着林白又沿着海岸线飞到了弗吉尼亚，但这里依然没有小林德伯格的踪影。接下来的几天里，美国出动了海军战机和海岸警卫队帮助林白寻找，但他们这次拉网式的搜查依然没有找到任何可能载有小林德伯格的船只，这一切都表明绑匪欺骗了林白。

到此，林白和警方所掌握的线索全部中断，小林德伯格很可能已经遭遇不幸，这对林白的打击很大。史学家认为，这次事件很可能就是导致林白在未与妻子离婚的情况下秘密组建多个家庭的原因。

5月12日下午时分，威廉·阿伦驾驶着自己的卡车在途经玫瑰山附近时，因内急便停下车，在附近寻了一处树林，他匆忙地走进树林深处，准备找个地方行个方便。但他却在无意间发现了一具已经腐烂的婴儿尸体，他迅速跑出树林向警方报了案。在这个距离林白家仅有 6.4 千米的地方，警方找到了这具已经严重腐烂的婴儿尸体，他的左手、右臂以及左腿自膝盖以下的部分都被动物啃食了，尸体的身边还丢弃着一个粗布麻袋以及一些孩子穿的衣物，这些衣物正是小林德伯格的。

验尸官对尸体进行了尸检，他们发现婴儿的颅内有血液凝块，这说明孩子是因为颅骨大面积碎裂而死的，尸检部门确认婴儿的死亡时间就在被绑架的当晚，据此推测小林德伯格很可能是在被绑匪装进麻袋带下楼的时候，绑匪所使用的的木梯垮塌，麻袋随之掉下，孩子的头部撞击在石块或者墙根上致死的。

搜寻小林德伯格的行动至此落下了帷幕，林白最终没能够从绑匪的手中解救出小林德伯格。警方在掌握新的线索之后，便展开了新一轮的调查，他们在盘查过程中发现一名叫维奥莉特·夏普的女佣表现异常，这名女佣在接受例行检查时表现得十分焦虑和紧张。此外，警方还在她的房间内搜到了一张纽约银行的存折，存折里有 1600 美元。这笔巨款引起了警方的怀疑，在审讯中，这名女佣不能合理地解释这笔钱的来源，但她也没有透露任何有利于案情进展的线索。第二天，警方准备再次对她进行问话，却发现这名女佣已经在食品储藏室内自杀了。

在调查中，一名来自农业部的警官发现绑匪所使用的木梯上的两块木料有 4 个额外的方钉孔，这种木板很明显是用作他途的，出现在梯子上是因为绑匪在制作梯子的过程中缺乏木料，随手从其他东西上拆下这两块木料用作代替物。这名警官还在木料店找到了与上述木料一模一样的木板，但因为老板并不对购买木材的人做记录，该条线索到此中断。

1933 年 4 月 5 日，美国总统罗斯福宣布，美国将脱离金本位制，所有面额超过 100 美元的金圆券必须上交银行，兑换成同等价值的银圆券，至此，当初财政部的建议终于派上了用场。在兑换开始的一段时间内，银行确实收到了一部分来自赎金的金圆券，但警方无法通过这些金圆券的来路来确定它们的原始持有人是谁。

同年 10 月 19 日，美国官方认为，小林德伯格绑架案的侦破工作已经不是新泽西州所能独自完成的，联邦政府批准联邦调查局介入此案调查，并且批准调查局在处理此案的过程中享有排他性管辖权。

1934 年 9 月 18 日，一名在纽约布朗克斯区工作的银行人员在清点钞票的过程中发现了两张印有赎金号码的金圆券。经调查，这两张金圆券是由一家加油站交上来的，FBI 迅速赶往该加油站展开调查。警方在讯问后得知，这两张金圆券是一名开着蓝色道奇轿车的人加油时所支付的，当时加油站的工作人员害怕这位客人所使用的金圆券是假币，就在对方离开的时候记下了这辆车的车牌号。

警方通过车牌号码迅速锁定了这辆道奇车的车主，这个叫理查德·霍普曼的车主是一名德国人，他不仅是一名木工，而且他住所的位置距离伍德公墓仅有 1.6 千米，与交付赎金的圣·雷蒙兹公墓距离只有 6.4 千米，这种距离意味着，理查德有很大的作案嫌疑，并且理查德当年是通过非法途径进入美国的，警方决定严密监视理查德。9 月 19 日，理查德在察觉自己被警方跟踪后，突然加速逃窜，他连续闯了多个红灯，但依然没能逃脱法网，警方以违反交通法规为由将理查德抓捕。

随后，警方在理查德的住所内找到了大量的证据。他们首先在理查德的车库内发现了一个被精心隐藏的罐头盒，在这个盒子中一共有 1.4 万美元，这些钱全部是带有赎金标记的金圆券。此外，警方在理查德家中搜到了一架木梯的设计图，这架木梯和绑匪作案所使用的的木梯非常相似。在与德国警方联系之后，美国警方确认，理查德在德国曾有多次入室行窃的记录，并且他的作案工具就是梯子。警方还在理查德阁楼的地板上发现了两个明显的缺口，这两块缺失的木板和绑匪木梯上所使用的木板完全相同。

1934 年 10 月 8 日，理查德被新泽西州大陪审团指控犯有谋杀查尔斯·奥古斯都·林德伯格三世的罪行，并将理查德关在位于弗莱明顿的亨

特顿县监狱内候审。1935 年 1 月 2 日，林德伯格绑架一案正式开审，这次
审判被美国部分媒体称为"世纪大审判"，理查德还被美国民众称为世界
上"最可恨的人"。

审讯中，检方指控理查德就是 3 年前绑架小林德伯格并将其杀害，随
后又向林白索要 7 万美元赎金的凶手，但理查德否认检方的指控，他指出
检方并没有任何直接证据证明自己就是凶手，检方所提供的证据全是间接
证据，因此他认为这是检方故意制造伪证构陷自己的。这是一记强有力的
反击，理查德的申辩符合美国法律的规定。

但检方并不惧怕理查德的反击，因为尽管他们所收集的证据是间接证
据，但这些证据却组成了一张严密的法网，使理查德无处可逃。尸检部门
称，小林德伯格死于头部的外力伤害，并且是迅速致死，因为颅骨的裂缝
处没有流血迹象。这就解释了为何理查德不曾有过照顾小孩的举动，这间
接证明了，绑匪就是杀害婴儿的凶手，即便是误杀。

警方通过美国林业产品试验室对案发现场所遗留的作案工具——梯子，
进行了切片分析。他们精确地指出，这架梯子共由 4 种木料组成，它由不
同的人拼接组装，这解释了为何梯子的接口处有的手法很专业，有的手法
则比较粗糙。关键的是，这架梯子的第 16 根横梁上所使用的木料以及木料
上所遗留的方形钉孔都显示了这块木料应该来自于一个室内构筑物，这与
警方的搜查记录相印证。理查德家的阁楼上所使用的木板与梯子上的木板
不论是花纹还是钉孔间的角度和间距都是完全吻合的，这就证明了这架作
案用的梯子就是由理查德所制造，并用来实施犯罪。

除此之外，FBI 的 8 名笔迹专家也证实了理查德的笔迹和两封敲诈信中
的笔迹相同。理查德是德国人，英语并不是他的母语，这就解释了他在敲
诈信中出现的语法错误。理查德家所发现的 1.4 万元现金的面额组成、记
号与赎金完全相同。财政部门专门调查了理查德的收入状况，以他当前的
工资收入是无法解释这笔巨款的来源的。理查德将这笔钱解释为一名已故

的德国朋友在离开美国时归还自己的欠款，但警方在他家搜索到的账本中根本没有发现任何与这笔巨款有关的出入记载。

关键的是，在1932年4月4日，即赎金支付后的第三天，理查德就辞去了工作，并购买了一部价值400美元的收音机，他还曾在这个时期与妻子去德国进行了一次豪华旅行。如此豪爽的出手再加上他家中隐藏的巨款，都暗示了这笔巨款的来源，那是林白用来换取小林德伯格的赎金。

在所有的证据中让理查德最无法解释的就是，警方在他家中搜查到康登的地址以及联系方式，而他最初称他和康登并不相识。在证人指证阶段，康登和出租车司机则证明了理查德就是和自己联系的人。

在众多证据全部指向理查德的时候，他依然否认该指控，他的妻子也证明案发当晚理查德并未出门，他的律师指责警方伪造证物。在审判的最后阶段，检方提醒陪审团，理查德在德国有多次犯罪记录，并且经常使用长梯作为作案工具。1935年2月14日，经过29次开庭，162个证人出庭作证，先后出示381份证据之后，陪审团认定理查德有罪，并应当处以死刑。1937年4月3日，理查德在新泽西州州立监狱被送上电椅。

在理查德死后，有关此事的各种议论依然没有平息，有人认为他是无辜的；有人认为凶手是理查德所描述的那个德国人；还有人认为林白或者他妻子的姐姐是凶手。但不论如何，这起美国历史上最著名的绑架案到此结束了。

在联邦调查局的历史上，林德伯格绑架案是有着里程碑意义的，这起案件使得联邦调查局第一次获得对地方案件的管辖权，美国国会通过了以林德伯格命名的"林德伯格法案"。法案规定，如果有绑架案在一周之内未能侦破，那么就推定绑匪已经穿越了州界，此时联邦调查局就自动享有对该案的管辖权，直到案件结束。

第三章

缺页疑案——黑色大丽花惨案

　　时光飞逝，70 多年后的今天，对于"黑色大丽花惨案"来讲，警方并没有取得任何进展。对于这起案件，外界能够获取的信息也不多，没有人能够理解凶手为何如此残忍地折磨这位年轻的姑娘。凶手为何要肢解尸体？为何要取走子宫？又为何要将尸体公之于众？到了今日，凶手很可能已经自然死亡，这一切都成了一个谜。

　　1947 年 1 月 15 日，在美国加利福尼亚州洛杉矶市发生了一起骇人听闻的重大案件——缺页疑案。事发当天，上午 10 时，家住诺顿街区中心住宅区 39 街的家庭主妇贝蒂·勃辛格，带着自己 3 岁大的女儿去取自己前些日子送往鞋店修补的鞋子，在路过诺顿街区达雷迈特公园内一块青草茂盛的草地时，勃辛格远远地看见草地上仿佛被谁遗弃了一具残破的"人体石膏模型"，当她走近想要看得更清楚一些时，她却惊恐地发现，丢在地上的东西根本不是什么模型，而是一具被残忍肢解的尸体。惊慌失措的勃辛格急忙遮住身旁孩子的眼睛，抱起她迅速跑向当地警局报案。

　　警方马上采取行动，他们在案发现场周围拉起警戒线并试图封锁消息，可是这挡不住闻风而来的记者，他们通过各种渠道获取了警戒线内的信息，有的人甚至冲进案发现场，试图"先睹为快"。有人说被害人的头发是呈放射状向周围铺开的，看起来像一朵黑色的大丽花，也有人说被害人生前最喜欢穿黑色的衣物，她从里到外的衣物都是黑色的，因此外界又将这件恐怖的碎尸案称为"黑色大丽花案"。对于警方来说，他们认为记者的疯狂是导致该案件不能顺利侦破的最大因素，因为这些记者为了获取信息，冲进现场肆意踩踏，极可能破坏了一些重要证据。

　　死者是一名年轻女性，身高约 170 厘米，体重约为 51.2 千克，眼睛是蓝色的，头发为褐色，外观上的黑色是后天染发造成的。这名被害人全身赤裸，尸体从肚脐中间被一分为二，两段尸体对正摆放，中间有着 50 厘米的间隔，死者的面孔朝上，双臂上举，在手肘部弯曲，双腿笔直伸开，两腿间叉开的角度大约为 60 度。尸体在被遗弃之前已经做过仔细的清洗，弃尸现场并没有任何血迹，死者胸部遭到了严重破坏，嘴角两侧各有一道直达耳部的切口，这使得死者面部呈现出一副极为怪异的笑容，很像小丑的嘴。

警方认为：尸体身下的露水表明弃尸的时间大约为凌晨两点钟，而尸检部门通过死者腕部和踝部的绳索捆绑痕迹判断出死者生前曾被拘禁。死者的头前部和右部有擦伤，右侧的蛛网膜下腔有出血现象，这表明被害人头部曾遭受重击。因为尸体被发现的时间是上午 10 点钟，弃尸地点周围经常有车辆行人经过，警方却没有接到报案，这说明弃尸地点很可能不是案发的第一现场。

进一步的尸检很快就有了结果。因为被害人的尸体有被冷藏的痕迹，所以死者的死亡时间只能判定为 13 日下午的 15:00 ～ 17:00 之间。死因则可能是头部受重击，也可能是因失血过多所致。被害人的尸体是被电锯或者大型刀具从中锯开，尸体上瘀伤遍布，多根手指骨折，有部分指甲被拔掉，双腿的膝盖处均有骨折现象，大腿内侧有多处创口不深的刀伤。根据这些信息，法医推测被害人在死前曾遭受时长约为 36 ～ 48 小时的残酷折磨。死者脚踝处自下向上翻起的伤痕，代表着死者曾被倒吊。尸体的乳房和子宫被切除，上半身的脏器被塞进胸腔，乳房伤口处呈现锯齿状切割伤痕，尸体上还有多处烟头烫伤。因此，犯罪心理侧写专家认为，凶手很可能是一名心理极度变态的家伙，只有这种人会在虐杀他人的时候获得快感。

尽管尸检报告很详细，但因为尸体在被遗弃之前就经过了仔细处理，所以警方和尸检部门并不能从尸体上找到有力的线索，无奈之下警方只能先行确认死者的身份。他们从尸体上提取了指纹和 DNA 信息，与尸体照片一同发往 FBI 总部，和 FBI 总部收录的 1.4 亿个指纹相核对，56 分钟后，FBI 确认该指纹是属于来自圣巴巴拉的伊丽莎白·肖特所有，警方通过照片对比之后也证实了该结论。

伊丽莎白·肖特，昵称贝蒂或贝丝，1924 年 7 月 29 日出生于美国马萨诸塞州的海德公园市，她的父亲叫克莱奥·肖特，母亲叫菲比·梅·索耶。肖特夫妇共生育了五个儿女，伊丽莎白·肖特排行第三。在伊丽莎白还年幼的时候，她的父亲所经营的一家高尔夫球场因为经济大萧条而倒闭，为了躲避随之而来的债务，父亲克莱奥在假装跳河自杀后，秘密潜逃到加州。但是克莱奥的这种行为深深地伤害了整个家庭，多年后他多次打电话给菲比要求复合，但却遭到了菲比的拒绝。

1940 年，年仅 16 岁的伊丽莎白已经出落得美丽动人，并且她开始效仿当时最出名的偶像明星狄安娜，按照狄安娜全身黑色的着装来树立自己冷艳的形象。年纪轻轻的伊丽莎白怀揣着两个梦想：第一，嫁给一名军人；第二，成为一名明星。这一年，伊丽莎白踏上了开往加州的火车，她去投奔她的父亲，希望能够获得进入演艺圈的机会。机缘加上伊丽莎白美丽的外表，使得她很快就接近了自己的梦想，然而命运总是喜欢开玩笑，就在即将入选为演员的前一天，伊丽莎白因为未成年饮酒而在圣巴巴拉被捕（美国法律规定 21 岁以上饮酒为合法），并被遣送回麻省（马萨诸塞州）——她的母亲身边。

随后伊丽莎白被送往迈阿密上学，但没过多久她就自行放弃学业，到一家酒店去做服务生，并在军营和海军基地附近的公共场所厮混。这一段时间里，伊丽莎白曾与多名军人发生情感纠葛，这一行为引起了她父亲的强烈反感，但伊丽莎白不为所动，依旧我行我素，她的行为最终导致了父女关系的破裂。直到 1944 年年底，伊丽莎白遇到了她的梦中情人——空军少校马特·戈登，他们一见钟情，双方迅速坠入爱河。她曾在给她母亲的信件中写道："他是如此与众不同，十分完美"，并称对方已经向她正式提出求婚。

命运终归是残酷的，在日本投降以后，伊丽莎白并没有等到凯旋的马特，她只等来了一张马特·戈登阵亡的通知书。沉痛的打击使得伊丽莎白一蹶不振，她将自己棕色的头发染成黑色，并渐渐恢复了放荡的生活。失去爱人之后，伊丽莎白更加迫切地希望成为一名明星，于是她白天一定会出现在好莱坞的街头，希望自己能够被星探选中，但是这些不切实际的想法只会带来更严重的后果。长时间不工作的状态使她日益拮据，形势严峻的时候，她甚至付不起一天一美元的房租，迫于生计，她开始用身体向任何一个对她感兴趣的男人换取生活用品以及休息的床铺。

这种生活状态使得伊丽莎白根本没有一个真正的朋友，甚至没有任何一个男人愿意长期与她维持关系，即便是肉体关系。她曾经向她认识的一名朋友寄了一封信，信里面说她即将去芝加哥尝试做一名时装模特（警方认为，这很可能是伊丽莎白的臆想），这封信也是伊丽莎白人生中的最后一封信件。

1947 年 1 月 9 日，一名叫罗伯特·曼利的推销员注意到无家可归的伊丽莎白，这名年仅 25 岁的小伙子帮助了她，他们在一家酒店休息一晚之后，伊丽莎白想要去巴尔默酒店见自己的妹妹，于是曼利就开车将伊丽莎白送到了开往洛杉矶的长途车站，然后两人就此告别。但伊丽莎白有没有坐上去见妹妹的车，已经无从知晓，曼利成了伊丽莎白人生中所见到的最后一人。一周后伊丽莎白死亡，没人知道在这一周的时间里，到底发生了什么，即便她失踪的时间长达一周，也没有任何人向警方报案，直到 1 月 15 日，她的尸体被发现。

伊丽莎白生前所遭受的非人虐待和死后的不得安宁深深刺痛了警探们的心，FBI 联合当地警方出动了大量警力，他们走访调查了陈尸现场周围的住户和店铺，试图寻找一切线索，希望能够找到可能存在的带有血迹的衣物或凶器，他们还先后盘问了曾经与伊丽莎白相处过的 20 多名前男友，但是这些行动并没有取得有效的线索和结果。

令人意想不到的是，本来毫无头绪的惨案在案件登报以后却迎来了转机，有将近 30 人前来自首，他们声称自己是制造凶案的人。很显然，这些人不可能是真正的凶手，但是警方不得不花费力气来证明这些人是否清白。当地警方通过分析整个案件，推测凶手很可能不是伊丽莎白所认识的人，而是一个陌生人。来自 FBI 的现场勘查人员认为，死者腰部切口非常整齐，这很可能是专业人士所为，于是，他们向距离案发现场最近的南加州大学医学院索取了近百名学生的资料，却没有发现任何可疑的地方。

挑战警方的权威，可能是大多数凶手的癖好，杀害伊丽莎白的凶手也不例外。1 月 23 日，《洛杉矶先驱报》报社收到了一个包裹，包裹内有伊丽莎白的出生证明、社保卡、她与其他军人的照片、名片、马特·戈登死亡的简报、存放行李的寄存票和一本通讯录，虽然通讯录中有一页被撕掉了，但依然还记录着 75 名男性的名字和联系方式（这很可能是凶手迷惑警方的手段，该案也因此被称为"缺页疑案"），这个包裹在邮寄前就被邮寄人仔细清理过，他抹除了一切线索和指纹痕迹。和包裹一同寄来的还有凶手通过裁剪报纸和书刊拼接而成的一句话："这是大丽花的财产，还会有信件寄来。"不论如何，案件有了转机，警方迅速对这 75 名男性展开调查，他们发现这些男性都曾试图与伊丽莎白发生关系，虽然伊丽莎白回绝了他们，但这和伊丽莎白的死亡并没有任何联系。

1 月 25 日，伊丽莎白生前所使用的黑漆皮钱包和黑色的鞋子在距抛尸地点几千米外的 25 号街区 1819E 单元处的一个垃圾桶内被发现。1 月 28 日，警方再次接到一封手写的短信，信里面说道："周三，1 月 29 日上午 10 点是一个转折点，我要在 ×× 那里寻开心。"信的落款是"黑色大丽花复仇者"。有些人以此推测，凶手可能在上述时间自首。但显然凶手并没有任何自首的想法，很快警方再次收到一封裁剪加手写修改过的信，信里面说道："我改主意了，你们是不会和我公平交易的，大丽花的死是合理的。"这段时间内，警方又陆续收到了疑似嫌疑人寄来的共计 16 封信件。经过验证之后，只能确定其中的三封信件是凶手寄来的，但令人遗憾的是，在这三封信件中，警方并没有找到任何有价值的线索，即便是指纹，也都被凶手处理得干干净净。

几番查证无果之后，洛杉矶警方将曼利作为本案的首要嫌疑人，他们对曼利进行了两次谎言测试，但是这两次测试的结果都证明曼利不是凶手，再加上曼利有案发时不在场的证据，警方最终将曼利释放。获释后的曼利并没有开始自己新的生活，他出现了幻听，并逐渐发展成为精神失常。在曼利被送往精神病医院后，警方再次对曼利使用了"硫喷妥钠"，也就是"吐真剂"，服用了吐真剂的曼利再次证明了自己的清白。在1986年，64岁的曼利因意外坠亡。

此后警方认为"伊丽莎白凶杀案"的凶手很可能是当时的"口红杀手"，因为伊丽莎白是在德格兰大道附近被杀害的，而"口红杀手案"的其中一名被害人姓氏正是"德格兰"，而且两起案件中凶手所使用的信件也有着共同特点。警方先后调查了近千名有可能存在嫌疑的人，却依然一无所获。最终伊丽莎白·肖特——"黑色大丽花"被安葬在奥克兰的一处公墓中，在她的葬礼上，仅有6名亲友前来凭吊这位年仅22岁、命运凄苦的女性。

时光飞逝，70多年后的今天，对于"黑色大丽花惨案"来讲，警方并没有取得任何进展。对于这起案件，外界能够获取的信息也不多，没有人能够理解凶手为何如此残忍地折磨这位年轻的姑娘。凶手为何要肢解尸体？为何要取走子宫？又为何要将尸体公之于众？到了今日，凶手很可能已经自然死亡，这一切都成了一个谜。

第四章

欲望杀人魔 ——被欲望控制的魔鬼

　　尽管警方所掌握的证据都指向了杰罗姆，但他一直保持沉默，警方决定利用他自大的特点引诱他讲出实情。警方在审讯杰罗姆的时候，以假设案情的方法诱导杰罗姆讲出实情，杰罗姆很享受掌控谈话节奏的感觉，他在不知不觉中松口了，他以向警方炫耀，并纠正警方假设的方式，承认了自己所犯下的全部案件，甚至提到了一些警方没有查明的案情细节。

1969 年 5 月 10 日，一名渔夫在威拉米特河支流上发现了一具女尸，这具女尸定定地浮在湍急的河面上，她并没有随着水流移动，这种不合常理的现象让渔夫非常恐惧，他急忙向警方报告了这一情况。在赶到现场后，警方发现这具漂浮在河面上的女尸是被系在一个重物上，这个重物使她只能浮在原地。这具尸体的发现引起警方的高度关注，他们认为这具女尸很可能就是该州近期失踪的四名女子之一。尸检报告证实了他们的想法，这名女性是被勒死的，凶手将尸体系在一个汽车变速器上丢入水中，这具女尸就是近期失踪的琳达·赛丽。琳达·赛丽是在美国俄勒冈州最大的城市波特兰市的一个购物中心内失踪的，警方当时只是以失踪案报备，但谁也没想到她已经遇害了。这一消息的公布使得当地民众非常紧张，他们觉得这件事情很不正常，这附近很可能隐藏着一个杀人魔王。这个人就是杰罗姆·布鲁多斯。

1939 年 1 月 31 日，杰罗姆·布鲁多斯于美国中部的南达科他州降生，这个小生命的降生并没有引起其他人过多的注意，人们也不会想到，在若干年后，这个孩子会成为一个恐怖的欲望杀手。杰罗姆出生时正是美国经济大萧条时期，受此影响，南达科他州的农户很难维持自身生计。为了能够找到更好的草场来维持一家人的生计，杰罗姆的父亲亨利·布鲁多斯决定搬家，他们首先搬到了美国俄勒冈州的威拉米特谷居住。威拉米特谷又称"葡萄谷"，它不仅横跨俄勒冈州最大的城市波特兰市和州府塞勒姆市，有着极为便利的地理条件，而且它又是一个自然风景优美的世外桃源。虽然杰罗姆从小就生活在一个风景如画的田园世界中，但他的生活并不曾过得安稳或者快乐。

因为经济萧条，在美国各地的人们都很难找到一份稳定的工作，这使得杰罗姆一家不得不四处搬迁，这也导致杰罗姆曾多次转校，而这种不稳定的生活状态很难使杰罗姆体验到家庭所赋予的安全感。杰罗姆的父亲由于忙于工作而很少待在家里，这使得杰罗姆的一切都需要与母亲沟通。杰罗姆的母亲是一个严肃而又苛刻的女人，她并不喜欢杰罗姆（据杰罗姆回忆，他的母亲非常希望再生一个女儿，可偏偏生了一个儿子，这就是母亲讨厌他的原因），她也从不掩饰自己对杰罗姆哥哥拉里·布鲁多斯的喜爱，这让杰罗姆无时无刻不感到孤独和寂寞。犯罪心理学家认为：儿子和母亲之间的相处是一个男性和女性打交道的第一步，如果他感觉到自己被母亲抛弃了，或者母亲对他有负面情绪（甚至知道母亲并不想将他生下来），这会对他的人格产生巨大的冲击，这种冲击会使孩子的心理出现严重问题。

在杰罗姆还很小的时候，母亲经常责骂他，有一次就和一双高跟鞋有关。一天，小杰罗姆在垃圾堆里捡到了一双漆皮高跟鞋。他当时只有 5 岁，在发现这双女士鞋子之后他不仅没有将它丢掉，反而将这双鞋子带回了自己的卧室，他在自己一个人的时候经常会偷偷地穿上这双高跟鞋，他觉得这样做很有意思。母亲在一次偶然的机会下发现小杰罗姆竟然偷穿高跟鞋，这让她非常愤怒，她严厉地指责小杰罗姆，并责令他将这双鞋丢掉。

联邦调查局资深探员马克·萨法里克认为，母亲的这一行为使高跟鞋成了小杰罗姆的禁区，这让他很不理解，他不明白自己为什么不能穿这双鞋子，也不明白母亲为什么会对自己的这一行为大加指责，这使他不仅没有按照母亲的要求去做，反而悄悄地将它藏了起来。此后，这双高跟鞋就成了小杰罗姆的秘密玩具，他总是在一个人的时候偷偷地穿这双鞋。

杰罗姆的母亲再次发现了这一现象，她被小杰罗姆的行为激怒了。愤怒的母亲没能很好地克制自己的行为，她狠狠地责罚了小杰罗姆，然后在杰罗姆的面前将这双漆皮高跟鞋烧掉了。母亲的行为让杰罗姆感到非常愤怒，在这种愤怒的背后还有深深的无力感，这种复杂的情绪再加上他内心中难以抑制的挫败感使杰罗姆一步步走向一条不归路。

　　母亲的极端手法不仅没能使得杰罗姆不再接触高跟鞋，反而使得杰罗姆对高跟鞋更加好奇了。在小杰罗姆的内心中，他的母亲越是禁止他接触高跟鞋，他就越想要高跟鞋，这种强烈的逆反心理再加上违逆母亲意志的行为让杰罗姆感到刺激，这种刺激甚至可以激起他的性欲。长此以往，这种特殊的感觉渐渐演变成一种强烈的恋物癖。

　　1955 年杰罗姆一家再次搬家，但这次与以往有些不同，杰罗姆发现他的邻居家有几个年轻漂亮的女孩，这使他很兴奋。杰罗姆开始放纵自己的幻想，这种幻想使得杰罗姆愈加迷恋隔壁的女孩，他不止一次偷窥她们。慢慢地，这种偷窥不再能满足杰罗姆内心的欲望，他竟然开始在洗衣房内偷这些女孩的内衣，这一变态行为使杰罗姆的内心得到满足。杰罗姆的长相并不出色（脸上有很多雀斑），他的外貌不可能吸引和他相同年龄段的女孩子，但恋物癖将他对女孩的幻想转换成行动。

　　在警方前来处理内衣失窃案的时候，杰罗姆抓到了一个机会，他对邻居家的一个女孩说，他正在配合警方调查内衣失窃案，他说服这名女孩一起到他家讨论案情。在这名女孩来到他家之后，杰罗姆先和对方打了一个招呼，邀请对方坐下，然后便找了一个借口离开了。在离开这名女孩的视线之后，杰罗姆迅速跑进另一个房间内戴上一副面具并拿了一把尖刀，他用这把尖刀抵着这名女孩的脖子，用武力逼迫女孩脱下衣服，女孩在杰罗姆的淫威之下脱了衣服，杰罗姆按事先制订的计划拍了这名女孩的裸照，随后他便逃离了房间。在将凶器和面具藏好之后，杰罗姆迅速跑了回来，他拉着想要逃走的女孩试图说服她，杰罗姆称自己并不是那个戴面具的人，他刚才被一个陌生人锁在了谷仓里，他还假装关心地问这名女孩是否受伤。女孩在逃回家后并没有举报杰罗姆，他成功地逃脱了法律的制裁，这让杰罗姆很得意，这种自以为成功的想法使他越来越狂妄。

　　在一次偶然的机会下，杰罗姆搭载了一名当地女孩，他很绅士地表示自己会送对方回家，但在途经一处农场的时候，杰罗姆心中的欲望再一次爆发了，他逼迫这名女孩脱衣服，但女孩拒绝了他并逃下了车。这让杰罗姆很愤怒，他追上前狠狠地击打这名女孩，他的行为被一对驾车途经此地的夫妇看到了，他们报了警，当地警方迅速赶到并抓捕了杰罗姆。

杰罗姆对自己的罪行供认不讳，警方在杰罗姆的卧室内发现了大量的女式内衣和女式高跟鞋以及隔壁女孩的裸照，这让警方意识到杰罗姆还有其他罪行。在警方的盘问下，邻家女孩终于指认了杰罗姆。在了解事情的始末之后，警察们认为这名处在青春期的男孩可能有着一定程度的心理问题，他们将杰罗姆送到了俄勒冈州立医院接受治疗，但让他们万万没有想到的是，这名男孩会在获释后成为一名变态欲望杀手。

大家可能对俄勒冈州立医院并不熟悉，但大家一定都很熟悉电影《飞跃疯人院》中的精神病院。俄勒冈州立医院就是该精神病院的现实投影。在这所医院中，尽管杰罗姆将自己的精神状况如实地告诉了精神科医生（在杰罗姆的幻想中，他为自己打造了一座监狱，他把自己抓来的女孩全部关在这里，他可以随时随地随意享用监狱中的任一女孩），但他的这些幻想并没有引起医生的重视。他们允许杰罗姆白天回到学校上课，晚上再来到医院接受治疗。在经过一段时间的观察之后，他们认为杰罗姆的精神障碍只是暂时的，这种状况只不过是杰罗姆成长过程中的一个阶段，在他的人生观成型之后，这些不切实际的幻想自然就会消失。

1957 年 1 月，在经过约 9 个月的精神治疗之后，杰罗姆的主治医生认为他患有轻度的精神分裂，而这种程度的精神问题对社会来说是安全的，所以他们准许杰罗姆出院。杰罗姆出院后回到学校继续完成自己的学业，尽管杰罗姆智商很高，而且在电子学方面有着很高的天赋，但他并没有很强的学习欲望，这使杰罗姆的成绩总是处于班级内的倒数几名。

毕业后，杰罗姆因为学习成绩太差而找不到工作，无奈之下他只好于 1959 年参军。杰罗姆被分配在加利福尼亚州一个海湾的部队服役，即便成了一名军人，杰罗姆也从未停止过内心不切实际的幻想，长时间处在幻想世界里使得杰罗姆不得不接受部队心理医生的治疗，但心理医生认为，此时杰罗姆的状态并不适合待在部队里，他被劝退了。

退伍后，杰罗姆返回俄勒冈州与母亲生活在一起，但他的母亲不仅不欢迎他，还要求他住在屋子后面的一间破房子内。母亲的冷淡态度和独居的环境使杰罗姆重拾原来的坏毛病——偷女人的鞋子和内衣。慢慢地，这些行为再也不能满足他心中的欲望，杰罗姆开始公然骚扰一些年轻漂亮的女孩。

一次，杰罗姆盯上了一名电话公司的职员，他等到这名女孩吃完午饭独自一人返回办公室的时候，突然冲出来，想要在光天化日之下抓走她。尽管女孩拼命反抗，但她依然被杰罗姆用手臂勒昏了，也许是因为女孩的反抗惊到了杰罗姆，也许是因为自己没有搬运工具，杰罗姆拿了女孩脚上的高跟鞋后就逃跑了。FBI 认为，此时的杰罗姆已经开始变得越来越危险了，他的这些行为带给他的刺激会越来越弱，到后面，他就会做出更加变态、极端的事情。

回家后不久，杰罗姆在附近的一家广播站找到了工作，他负责为这家广播站维修电器设备。不久，杰罗姆的一位同事给他安排了一场相亲，相亲对象是一位年仅 17 岁、名叫拉斐尔的漂亮姑娘，杰罗姆对拉斐尔的长相非常满意，他用甜言蜜语俘获了拉斐尔的芳心，在拉斐尔看来，杰罗姆是一个浪漫而又有责任心的男孩。在得知拉斐尔怀孕后，她的父母只好在 1962 年将拉斐尔嫁给了杰罗姆。

在婚后的生活中，杰罗姆要求妻子在家里做家务的时候不要穿衣服，她只能穿一双高跟鞋，即使是在做饭的时候也是如此。此外，杰罗姆还禁止妻子进入他工作的地下室，那里是他冲洗一些限制级照片的地方。年轻而又天真的拉斐尔对丈夫的各种要求都积极配合，她认为那是夫妻之间的情趣，但她所不知道的是，在杰罗姆的心里，拉斐尔只是一个任由自己摆布的性玩偶。

在杰罗姆案发以后，很多人都不能理解拉斐尔的这一行为，FBI探员马克则认为，在很多时候，人们总会下意识地将一些人的行为往好的方向想，特别是在嫁给某个人以后，即使对方的要求有些过分或者奇怪，但妻子总会在自己心里为对方开脱，这种行为不仅是为了对方，也是一种下意识的自我保护。

杰罗姆的工作不是很稳定，这让他们不得不经常搬家，慢慢地，拉斐尔开始拒绝杰罗姆的"换装和摄影游戏"。妻子的不配合使得杰罗姆不得不寻找新的对象来满足自己心中的性幻想，他开始偷偷穿女人的衣服，有时他甚至会穿女式内裤去上班。

在波特兰的一次偶遇，让杰罗姆有了一个新的目标，他偷偷跟着这名女孩回到她的公寓。杰罗姆藏在这名女孩居住的公寓外等待着对方休息，在确认这名女孩睡下之后，杰罗姆悄悄潜入女孩的房间内，他开始偷这名女孩的衣服，但就在这时，女孩惊醒了。慌乱之下，杰罗姆故伎重施，将这名女孩勒昏，然后强奸了她。

这件事情发生后，这名女孩并没有报案，杰罗姆又一次逃脱了法律的惩罚。此时的杰罗姆已经28岁了，他的第二个孩子也在不久前出生，拉斐尔每天都忙着照顾两个孩子，她根本没有时间关注杰罗姆在做些什么。为了引起妻子的注意，杰罗姆在家里显眼的地方摆上了一些自己穿着丝袜或高跟鞋的照片，这些照片的内容让拉斐尔目瞪口呆，但她选择视而不见。杰罗姆发现自己不能引起妻子的注意或者质问之后，他就将大部分时间花在了地下室内。

1968年1月26日，19岁的琳达·斯劳森在杰罗姆家居住的社区内推销《百科全书》。琳达在一处院子内发现了杰罗姆，杰罗姆对琳达手中的《百科全书》表现出了很强的兴趣，琳达认为杰罗姆是一个意向客户，于是她就跟着杰罗姆进了屋子。杰罗姆以不想打扰家人休息为由将琳达引到了地下室，他故意走在琳达的身后，等到琳达走进地下室，准备将书放下的时候，杰罗姆拿起木棍狠狠地打中了琳达的头。琳达并没有被打死，杰罗姆将她吊了起来，让她慢慢窒息而死。在做完这些之后，杰罗姆回到楼上，他给了妻子一些钱，让她带着孩子去外面吃些东西。

在把家人全部支开以后，杰罗姆就可以自由处理已经被勒死的女孩，他将在这名女孩身上满足自己的性幻想。杰罗姆给这名已经死去的女孩穿上自己收集的女式内衣和高跟鞋，然后他开始给这具经过自己打扮的尸体拍照。时间到了深夜，杰罗姆在确认自己的家人已经熟睡之后，他将琳达的尸体绑在一个报废的汽车变速器上，然后将这具尸体丢进了威拉米特河的支流。

第二天，琳达·斯劳森的家人联合警方一起搜索了多个地方，但他们依然没能找到失踪的琳达·斯劳森（警方和琳达的家人并不知道琳达已经死亡）。

第一次杀人就如此轻易地逃脱了警方的视线，这让杰罗姆很兴奋，他的生活又一次恢复了正常，但是在 10 个月之后（FBI 认为这 10 个月就是杰罗姆的"冷却期"，随着作案次数的增多，"冷却期"会越来越短），杰罗姆再一次伸出了罪恶的魔爪。在"冷却期"内，杰罗姆一家搬迁到了塞勒姆市，他的新房子拥有一个独立车库，这让杰罗姆很兴奋，他终于拥有了一个理想的工作室。

1968 年 11 月 26 日夜，杰罗姆在下班回家的路上偶遇了简·惠特尼。简的车子在五号州际公路上抛锚了，杰罗姆发现了机会，他帮助简检查车辆之后，向简保证他会修好她的车子，但他需要回家拿一件工具。杰罗姆带着简去了自己家，他让简待在车里，自己下车去拿工具。在杰罗姆回来的时候他直接坐到了简后面的座位上，他拿出了一根皮带迅速地勒在简的脖颈上，并在简用力挣扎的时候强奸了她。

在简死亡之后，杰罗姆把简的尸体像挂腊肉一样挂在了车库里。他保留简的尸体长达 5 天，在这期间，他除了给简拍照以外，还多次凌辱简的尸体。慢慢地，杰罗姆开始厌烦自己的"战利品"，他以同样的方法将简的尸体丢进了威拉米特河支流。

1969年3月27日，杰罗姆选定了一个新猎物。杰罗姆在塞勒姆市的一家百货商店的停车场内发现了一名女孩，这名叫凯伦·史宾格的女孩是俄勒冈州立大学的一名在校学生。凯伦来到百货商店是为了和自己的母亲共进午餐，但就在她途经停车场内一个偏僻角落的时候，杰罗姆突然冲了出来，抓住了凯伦，他手持一把假枪将凯伦挟持到自己的工作室。

在这里，杰罗姆逼迫凯伦脱下自己的衣服，然后换上自己收藏的各种衣服和高跟鞋。杰罗姆特意制作了一个绳圈，这个绳圈可以套住被害人的脖子，他将绳子的另一头系在一个滑轮上，这样他就可以将被害人吊在任意高度。在满足了自己的性幻想之后，杰罗姆将凯伦悬在了距离地面七八厘米的位置，然后他会选择去楼上吃东西或者看电视，他要等被害人在孤独和痛苦中慢慢窒息死亡。

4月21日，杰罗姆盯上了一名叫莎伦·沃特曼的女孩，他悄悄尾随莎伦来到了位于波特兰市的中央大学停车场。在这里杰罗姆试图绑架她，他用枪指着莎伦，严厉禁止莎伦大声喊叫。为了更方便地挟持莎伦，杰罗姆用自己的胳膊夹住了莎伦的脖子，但他的这一举动让莎伦十分紧张，莎伦奋力反抗并在无意之中咬到了杰罗姆的大拇指。杰罗姆愤怒地击打莎伦的头部，直到莎伦放开他的手指。莎伦的反抗超出了杰罗姆的意料，他同样被吓坏了，杰罗姆迅速地丢下莎伦逃走了。尽管杰罗姆的这次绑架没能成功，但他还是在不引起他人注意的情况下逃走了。事后，尽管莎伦报了案，但警方并不曾将莎伦的遇袭与其他几位女孩的失踪联系起来。

杰罗姆再一次出击了，这一次他选择的目标是一名12岁的学生——格罗米亚·史密斯。在格罗米亚独自前往学校上课的时候，杰罗姆拿着手枪挟持了她，在杰罗姆将她带往自己汽车的路上，他们经过了一户人家，而一名女士恰好在路边的花圃内修剪花草。格罗米亚突然大声呼救，她用力挣脱了杰罗姆的挟持并拼命向路边的女士跑去，在格罗米亚挣脱的一瞬间，杰罗姆也赶快逃跑了。两次绑架失手，使杰罗姆意识到自己需要更巧妙的手段引诱这些女孩。

杰罗姆在黑市购买了一枚假的警察徽章，他拿着这枚徽章开始在波特兰市附近的大型购物中心内物色猎物。很快，一名抱着生日礼物的女性走进了杰罗姆的视线，这名叫琳达·赛丽的 22 岁女性正准备给自己的男朋友过生日。杰罗姆在琳达打开车门的前一刻叫住了她，他向琳达出示了自己的假警官证，声称自己正在调查一些入室盗窃案，他希望琳达配合他做进一步的调查。尽管有些不情愿，琳达还是跟着杰罗姆走了。杰罗姆驾车将琳达带到了位于塞勒姆市的工作室内。

杰罗姆先将琳达捆在工作室内，随后便去楼上吃晚餐。等到他返回工作室的时候，他发现琳达已经将绳子解开了，但她并没有逃走，她以为杰罗姆会放了她。琳达错了，杰罗姆不仅没有放了她，反而用绳子将她吊了起来。他以同样的方法侮辱了琳达，在做完这一切之后，杰罗姆将琳达吊死了，他把尸体以相同的方法丢弃在威拉米特河的支流里。在这一次的狩猎中，杰罗姆并不认为很完美，所以他除了留下琳达的裸照之外，并没有保留琳达身上的其他物品。

在杰罗姆扬扬得意认为自己的智商已经超过警察的时候，琳达·赛丽的尸体被发现了。不久，警方又在距离赛丽尸体不远的地方找到了凯伦·史宾格的尸体。这两具尸体都是被系在变速箱上沉入水底的，而导致被害人死亡的方法都是勒死，这让警方意识到两起案件是同一人所为。社区内隐藏着一个连环杀手的消息很快被曝光了，但杰罗姆并不紧张，他相信自己没有给警方留下任何线索。警方发现尸体身上所打的绳结很特殊，这种绳结一般只有电工扎电线的时候才会使用（一般人不会打这种结），警方立即将视线锁定在了社区内所有电工的身上。

在警方排查社区内电工的时候，另一队联邦特工赶到社区附近的大学，询问这里的女学生是否看到过一个陌生男子在附近活动。很快，他们就从一个女孩那里得知了一个奇怪的人。这个人自称是一名退伍军人，但他在聊天的时候总是想要让自己跟他去他的工作室。这条信息立即引起了特工们的注意，他们提醒这名女孩，如果这个男人再来找她的话，一定要马上通知警方。果然，这个人又联系了这名女孩，特工们迅速赶到，但这名男子在看到 FBI 之后并不慌张，他显得很平静，这个人就是——杰罗姆。

特工们在对杰罗姆进行调查之后发现，他是一名电工，而且他还曾因为袭击女童和偷窃女性衣物被送进精神病院接受治疗。这让警方马上将他列入嫌疑人范围内，为了印证内心中的猜测，特工们决定去杰罗姆的家里走一趟。他们在无意中来到了杰罗姆的车库旁，在这里，一名特工发现了和被害人身上一模一样的绳子。这让特工马上印证了心中的想法，他们知道眼前的这个男人很有可能和这几名女孩的死有关。

当时，特工们并不曾申请搜查令，如果他们不能带走一些绳子进行调查，那他们就缺少最有力的证据，但让人意想不到的是，杰罗姆主动帮他们解决了这一难题。杰罗姆明显发现了特工对他的绳子很感兴趣，他主动割了一段绳子送给特工。在嫌疑人的帮助下，警方迅速确定，杰罗姆家的绳子就是被害人身上所使用的绳子。

杰罗姆虽然很相信自己的智商，但警方的突然造访还是使他有些紧张，于是杰罗姆秘密造访了律师戴尔·德雷克，从律师那里他知道，如果他真的与这些女孩的死有关，那他就不应该让警方搜查他的家或者他的车。杰罗姆牢牢记住了律师的建议，他将自己的车子弄湿，并将所有与案子相关的东西藏了起来。

当警方申请到搜查令，再次来到杰罗姆家时，他们没能找到更有效的证据。警方迫切地需要找到一个理由逮捕杰罗姆，因为他们觉得杰罗姆很可能会逃往加拿大。这时警方想到了那个曾经被挟持的 12 岁学生——格罗米亚，如果格罗米亚能够指认杰罗姆，那警方就可以用绑架的罪名将杰罗姆扣押。格罗米亚一眼就认出了杰罗姆，她指认了他。

1969年5月30日，警方在距离加拿大边境644千米地方逮捕了杰罗姆，当时他藏在车子后面的毯子内。

尽管警方所掌握的证据都指向了杰罗姆，但他一直保持沉默，警方决定利用他自大的特点引诱他讲出实情。警方在审讯杰罗姆的时候，以假设案情的方法诱导杰罗姆讲出实情，杰罗姆很享受掌控谈话节奏的感觉，他在不知不觉中松口了，他以向警方炫耀，并纠正警方假设的方式，承认了自己所犯下的全部案件，甚至提到了一些警方没有查明的案情细节。

在警方的记录中，我们可以清楚地看到，杰罗姆对自己的行为没有丝毫的悔过之心，他认为被他杀掉的那些女孩对他来说只不过是一些物品。他把这些女孩比作是包糖的糖纸，既然糖已经吃掉了，那还留着糖纸做什么？警方在收集到足够的证据后，马上起诉了杰罗姆·布鲁多斯。但此时，杰罗姆依然不肯放弃，他对警方讲自己曾患有精神疾病，他声称自己是一个疯子，但精神科专家在对他做了7项评估之后，认定他不能被定义为法律意义上的精神病患者。1969年7月27日，杰罗姆出庭接受审判，在法官面前，他承认了所有指控，法官判处杰罗姆终身监禁。

2006年3月29日，67岁的杰罗姆·布鲁多斯死于肝癌，这名凶残的、冷血无情的欲望杀手，终于在狱中结束了自己罪恶的一生。

第五章

恶魔之子 —— "黄道十二宫" 杀手

　　1969 年 12 月 20 日，金牌律师梅尔文·贝利收到了"黄道十二宫"杀手的求救信（第 8 封），在信中，杀手称他快要控制不住自己了，他的杀戮欲望就要战胜他了。虽然梅尔文表示他愿意帮助杀手，但杀手并没有回应他。

在 20 世纪 60 年代末的美国，曾频繁出现许多恶性案件，其中又以"黄道十二宫"杀手最令人瞩目，他主要活跃于美国加州北部。"黄道十二宫"杀手又被称为"黄道星座杀手""黄道杀人魔"、杀手中的"堕落天使""上帝之手"以及"恶魔之子"。该杀手的杀人逻辑以及作案手段异于常人，他从不给警方留下任何线索，现场的大多数线索都是他故意制造的伪证。该杀手热衷于向警方或者媒体炫耀自己的杀人经过，这无疑是杀手中的一个异类。

"黄道十二宫"杀手绘制了一个能够代表自己的特殊图案，在他的作案现场或者在他给警方寄送的信件中，都会出现这个图案，以此来表明身份。在有些信件中，还包含着一些杀手通过星象文字、通灵符号等各种字符组合而成的密码。杀手声称如果警方破译了这些密码，那么他们就可以抓到他。为此警方还专门聘请了军方的密码专家进行破译，但这些信息对警方破获"黄道十二宫"系列案件的帮助不大，最后此案成了美国历史上声名最大的悬案之一。

1968 年 12 月 20 日，17 岁的高中生大卫·亚瑟·法戴尔在周末来临之际精心策划了一次约会，如果一切顺利，那他将和他的女友度过一个令人难忘的周末。这一天，大卫早早地驾车来到女友贝蒂·诺·詹森家的公寓外，他要在这里等着贝蒂。

贝蒂是一名容貌娇美而又可爱的 16 岁女生，她对父母称自己要和大卫一起去参加霍根中学举办的圣诞晚会，随后可能还会去参加一个舞会，大约会在晚上 11 时之前回家。贝蒂的父母准许了她的请求，并提醒她要注意安全。

晚上 8 时左右，贝蒂乘坐大卫的车子出发了，但他们并没有去参加圣诞晚会，而是驾车驶向大卫的一个朋友家。晚上9时30分左右，大卫和贝蒂告别朋友驾车前往一家汽车餐馆休息。10时15分，大卫驾车将贝蒂载往当地有名的"情人小径"——位于赫曼湖路旁的一处避车港，这里是年轻情侣约会的好去处。贝蒂和大卫在这里待了将近一个小时，正当他们准备离去的时候，意外发生了。

11时10分，一位陌生人悄悄接近了大卫的车子。这名陌生人手里拿着一把口径为22毫米的半自动手枪，接近车子以后，迅速举起手枪朝着右侧车窗的中心位置打了一枪，但这一枪只击碎了车玻璃。凶手迅速走到车的左侧，对着左后车轮再打一枪，这一枪的目的是为逼迫大卫和贝蒂从右侧车门逃走。

年轻单纯的贝蒂、大卫被这巨大的枪声吓坏了，贝蒂慌忙打开了副驾驶旁的车门钻出了汽车，大卫也紧随贝蒂向外逃去。就在大卫从驾驶座位爬向副驾驶车门的时候，凶手从左侧车门的车窗中探身来到了大卫身后，他用枪抵住大卫左耳偏后的位置开了一枪，子弹瞬间击穿了大卫的头骨，将大卫击倒在车上。

大卫的惨状吓坏了贝蒂，她不顾一切沿着公路朝北跑去，而凶手等她逃了大约有3米多的距离之后突然连射5枪，所有的子弹全部打在了贝蒂的脊背上（后来警方据此推断凶手对自己的枪法很自信，他的枪法极好），做完这一切之后，凶手从容离去。

11时19分，住在"情人小径"附近的史黛拉·博格斯发现了倒在血泊中的贝蒂，她急忙向警方报案。两名在当地巡逻的治安官首先赶到案发现场。此时身中5枪的贝蒂已经死亡，大卫还有微弱的呼吸，但他同样没能逃过一劫。12时05分，大卫在被送往医院的途中死亡。警方在勘查现场之后并没能得到有效的线索，他们仅仅通过凶手射出的子弹判断出，凶手可能持有一把口径22毫米的 J. C. 希尔金80式手枪或者是一把高标准（经过专业调试）的101式手枪。

　　1969 年 7 月 4 日，达林·伊丽莎白·菲林准备和她的丈夫迪恩·菲林在周末邀请一些朋友来家里参加一个小型派对。由于达林和迪恩都在餐饮行业工作，所以达林决定亲自准备食物，并且她想要在派对举行的时候燃放一些烟花来助兴。

　　达林是一个做事风风火火的女人，她想到就做。当天午夜，达林独自驱车前往购物中心购买派对所需的东西。在路上，她突然想到自己可能需要一位男士帮忙搬东西，于是她先去了伍德大道 864 号，这里是迈克·瑞诺特·马修的住所。19 岁的迈克是达林的倾慕者之一，尽管他刚刚认识达林，但他毫不犹豫地上了达林的车。

　　当达林发动汽车从伍德大道出发的时候，原本停靠在伍德大道树荫处的一辆浅色小汽车马上跟了上来，它尾随达林的汽车向前开。达林和迈克很快意识到自己很可能被跟踪了，他们不断地加速、转弯，试图甩掉紧跟在身后的小汽车。慌乱之下，达林并没注意到自己将车子开到了赫曼湖路附近、瓦列霍郡城郊的一个名叫蓝岩泉的高尔夫球场。他们决定将车子停靠在球场内的停车场中，想要看一看一直紧跟在自己身后的人到底是谁。

　　此时，那辆浅色的汽车也追了上来，这辆车没有开车灯，陌生人准确地找到了达林停车的位置，并将自己的车子停在达林车子的后面。当时迈克看到这辆车的前保险杠已经和达林车子的后保险杠持平，他认出这辆车是 1958 年到 1959 年产的发尔康，开车的是个男人。

　　就在达林惊疑不定的时候，这辆形迹诡异的汽车突然加速离开了，但还没等达林松一口气，这辆已经驶离的车辆重新开了回来，这次它停在了左侧并且打开了车灯，前保险杠紧靠达林车子的尾部。

　　这种停车技巧让迈克误认为驾车的人是一名巡警（美国交通治安巡警经常使用这种停车的小手段），与此同时，这辆车内射出了一道灼目的强光，迈克隐约看到一名男人推开车门走了下来，他手里拿着一个大号强光手电筒，他一边向达林的车子靠近，一边用手电轮流扫射迈克和达林的眼睛，迈克更加确信车内走下来的是一名警察，他赶紧让达林寻找相关证件。

当这名"警察"走到车子右侧的时候，达林刚好将这一侧的车窗摇了下来，"警察"没有说任何话，他举起手开了枪，剧烈的枪声先后持续了十几秒，第一发子弹在穿过迈克后又击中了达林，达林身中 9 枪，除了左右臂各中两枪之外，其余 5 发子弹全部击中背部，并穿透她的心肺。迈克左腿、右腿、左臂和颈部各中一枪，其中一颗子弹从他的右脸颊射入并击穿了他的下颚骨以及舌头，随后这颗子弹又从他的左脸颊穿出。

15 分钟后，警方接到报案，赶往案发现场。他们将达林和迈克送往医院救治，当晚 12 时 38 分，达林抢救无效死亡，迈克则因没有被击中要害逃过一劫。警方推测，凶手可能拥有一支布朗宁自动手枪，警方又从迈克的口中得知了凶手的大概相貌（尽管有强光灯，可是凶手开枪的时候距离迈克很近）。

警方调查发现，达林和贝蒂曾在同一所高中上学，而达林是该校刚毕业不久的学生，这一线索使警方认为此案与六个半月前发生的案件是同一人所为。当晚 12 时 40 分，一名自称凶手的人在瓦列霍郡治安官办公楼下使用付费电话亭拨打了警察局电话，他向接线员报告了蓝岩泉谋杀案的时间地点以及所使用的枪支，并且他还称去年在"情人小径"杀死贝蒂的人也是自己，但警方并没有抓到他。

1969 年 7 月 31 日，《瓦列霍先驱报》《旧金山记事报》《旧金山观察者报》分别收到了由一名自称为"黄道十二宫"杀手的人寄来的三封信。在信中，杀手声称自己会对赫曼湖路和蓝岩泉凶杀案负责，但需要警方将三封信中所包含的共计 408 个字符组成的密码破解，杀手称只要警方能够破解这些密码，那么他们就可以得知凶手的真实身份。他还要求报社将自己所绘制的"十二宫"杀手图标刊登在报纸的头版，否则他就会在每一个周末的夜晚寻找独行的人并将他杀掉，一直到杀够 12 个人为止。

《旧金山记事报》在第二天出版的第四页报纸上刊登了"黄道十二宫"杀手的信件并在文章的结尾引述了瓦列霍警察局局长杰克·施提尔茨的原话："我们不能确信，这封信就是凶手写的。"杰克局长还要求写信人继续写下一封信以提供更多的线索来证明他的身份。

1969 年 8 月 7 日，《旧金山观察者报》又一次收到了一封"黄道十二宫"杀手寄来的信。凶手在信里使用了敬语，他向报社提供了更为详细的杀人过程以及一些警方没有向外公布的案件信息，他还在信的末尾向警方传达了一个口信，他说只要警方能够破解他的代码，那么警方就能抓到他。

1969 年 8 月 8 日，加州萨利纳斯的唐纳德和贝蒂·哈德破解了这组密码，但是密码中并没有凶手的真实名字。

1969 年 9 月 27 日，就读于纳巴郡安格温市太平洋联合大学的 22 岁女生西西莉亚·安·雪柏正在准备转学事宜。从小热爱音乐的她想要转学到加利福尼亚州河滨市的加利福尼亚大学学习声乐。这一天，她的男朋友布莱恩·凯尔文·哈特奈尔来帮西西莉亚收拾行李。在这即将告别的时刻，这对情侣准备在吃完午饭后一同外出游玩，他们原本计划是要去旧金山，但因一些其他原因转而去贝利桑湖游玩。下午 4 时左右，情侣二人驾车来到了贝利桑湖附近，他们在距离马路近 500 米的一个半岛上找到了一个可供休息、野餐的好去处，西西莉亚和她的男朋友在这里待了将近一个小时。

傍晚时分，躺在树下的布莱恩和西西莉亚突然发现一个身材粗壮的陌生人从橡树后走了出来，这个人头上戴着一个遮住双肩的无袖黑色头套，头套顶部是方形的。从外形上来看，这个头罩就像是一个挖了三个窟窿的正方形纸袋，布莱恩通过这三个孔看到，这名陌生人还戴有一副夹式眼镜。

　　这名怪异的男人在前胸和后背处都罩了一块布（这块布就像是人们在做饭时围在胸前的围裙一样），布的上面画了一个非常醒目的图案（一个圆圈，圈内有一个 7.6×7.6 厘米大小的十字，十字的四角突出圆圈之外），男人腰部的右侧斜挎了一柄钢刀，刀柄上面缠着白色的药用纱布，左侧则别着一个已经打开的枪套，蓝色的钢制手枪就在这名男人的手中，他的腰带上还挂着一圈长短各异的白色绳子。

　　这名男子直接走到布莱恩面前，他对着布莱恩说道："我刚逃出蒙大拿监狱，我受够那里了，警察总是想方设法地拷问我，想要从我口中得知一些莫名其妙的信息，所以我杀了一名狱警逃到这里，现在我需要你的车和钱逃往墨西哥，你们乖乖地把钱和车给我，否则我会杀了你们！"

　　布莱恩和西西莉亚不敢反抗这名强壮而又持有枪械的暴徒。布莱恩遵循这名暴徒的命令趴下，西西莉亚则用暴徒丢来的绳子将布莱恩捆了起来，随后这名暴徒又将西西莉亚捆了起来，当布莱恩和西西莉亚以为这名暴徒会就此放过他们时，暴徒突然抽出腰间的刺刀大声说："我要用刀狠狠地捅你们！"话音未落，暴徒就将刺刀捅进了布莱恩的身体，布莱恩身中 6 刀，西西莉亚身中 24 刀。

　　在做完这一切之后，凶手将钱和车钥匙丢在地上离开了。尽管布莱恩和西西莉亚都受了很严重的伤，可他们还保持着清醒，布莱恩用嘴将捆绑西西莉亚的绳索解开，西西莉亚再将捆绑布莱恩的绳索解开，他们开始大声呼救，布莱恩一直爬到公路上求救。最后他们被公路巡逻人员发现，但贝利桑湖区附近没有医院，警方只能将布莱恩和西西莉亚转移到其他地方。一直到两个小时后，布莱恩和西西莉亚才被送到医院接受治疗。

　　当晚 7 时 40 分，一名自称是凶手的人向纳巴郡警局打了一个电话，他在电话中详细讲述了这起谋杀案的内容，警方再次将这起案件与"黄道十二宫"杀手联系在一起。

1969 年 10 月 11 日，晚上 9 时 55 分，在旧金山大街上开出租车的 29 岁青年保罗·李·史坦恩拉到了一个身材粗壮的男子。当时这名男子正待在派恩克萨斯特餐馆外的一个遮阳棚内，在看到保罗的出租车后，他拦下了这辆车。这名男子上车后，让保罗驾车开往普西迪高地住宅区。保罗将这个地址录入了行程记录器并开始计价，随后他将这名男子载往他要去的地方，但就在出租车快要到达目的地的时候，这名陌生乘客突然要求司机再向前开一个街区。

对于乘客的突然要求，保罗并没有感到奇怪，因为很多人都会这样占一点小便宜，他继续按照乘客的要求向前又开了一个街区，就在出租车停靠在华盛顿大街与枫树街交叉口时，这名陌生乘客突然拿出了一把枪，他将枪口贴在保罗右耳前的脸颊上后，立刻开了一枪。保罗头部中弹，当场死亡。

杀死保罗之后，凶手打开车门走出，又从车右侧进入出租车，他把保罗按在自己的腿上，搜查了保罗全身，最后他拿走了保罗的钱包并从保罗身上撕下了一条染血的布，他用这块布将整辆车上自己可能接触过的部位全部擦了一遍。全部擦完之后，凶手锁上车门不紧不慢地向普西迪地区走去。

他所不知道的是，在这条街对面的一栋房子内，有 3 名孩子目睹了他行凶的全过程。晚上 9 时 58 分，3 名孩子向警方打电话报案，接线员误将孩子口中的白人男子写成了黑人男子。当晚 10 点，在当地警方赶往犯罪现场的时候，有两名巡警恰好在普西迪地区附近的街道上巡逻，而且他们看到了这名行凶男子，但他们收到的情报是抓捕一名黑人男子，因此他们上前询问凶手是否看到一名持枪的黑人男子，在得到凶手的提示之后，他们并没有详细地询问或者盘查对方，而是向着凶手指示的方向冲了过去。

凶手就这样大摇大摆地逃脱了警方的包围。无奈之下，警方只好通过几个目击证人的口述，绘制了凶手的模拟画像。

1969 年 10 月 14 日，"黄道十二宫"杀手再次向《旧金山记事报》寄去了第 5 封匿名信，他在信中详细讲述了自己杀害出租车司机的过程，为了证明自己讲的是真话，"黄道十二宫"杀手还在信封内附了他从被害人衬衫上撕下来的布条，以此来证明他就是最近几起凶杀案的凶手。在这封信中，凶手除了讽刺警察的搜捕行动就像是"一场疯狂的车赛"以外，他还恐吓警方说自己已经盯上了学校，他认为校园内的小孩子是不错的猎杀对象。

此时"黄道十二宫"杀手所引起的恐慌达到了顶峰，警方为了防范这个神秘杀手的猎杀行动，先后组建了 70 多个全武装战斗小队，将他们分布在各个校园内，以此来保护孩子们的安全。

1969 年 11 月 8 日，黄道十二宫杀手向《旧金山记事报》寄去了第 6 封匿名信，他在信中称自己不被他人关注的时候是如此的孤独，他还在信的末尾添加了一组由 340 个符号组成的密码。

第二天，《旧金山记事报》再次收到了第 7 封匿名信，这封信长达 7 页。在信中，"黄道十二宫"杀手讲述了他杀人的目的——给自己收集奴隶（他认为他杀死的人都会在死后变成自己的奴隶）。他声称自己擦车是为了制造伪证，并指出警方已经掌握了他的指纹这条信息是假的，他还表示自己所使用的武器是在《联邦枪支控制法案》生效之前从郡外购买的，所以警方是不能从这上面得到有用信息的。他还认为自己只有在杀人的时候才会变成通缉画像上面的样子，凶手还将这些警察比喻成一群穿着蓝色衣服的"肥猪"，在他的眼中，自己是不可能被警方抓到的。在信的最后，"黄道十二宫"杀手还称自己已经制作了定时炸弹，他会将这些炸弹随机放在巴士或者校车途经的地方引爆。

1969 年 12 月 20 日，金牌律师梅尔文·贝利收到了"黄道十二宫"杀手的求救信（第 8 封），在信中，杀手称他快要控制不住自己了，他的杀戮欲望就要战胜他了。虽然梅尔文表示他愿意帮助杀手，但杀手并没有回应他。洛杉矶警方在杀手作案的这一时期内一共调查了将近 2500 名嫌疑人，但他们并没有收获有效的信息。

1970 年，FBI 派遣资深探员杰克·姆利纳克斯接手此案。此后从 1970 年 4 月 21 日起，"黄道十二宫"杀手又先后寄出了第 9 封、第 10 封（4 月 29 日）、第 11 封（6 月 29 日）、第 12 封、第 13 封（于 7 月 27 日同时寄出）、第 14 封（10 月 6 日）、第 15 封（10 月 28 日）、第 16 封（1971 年 3 月 15 日）、第 17 封（3 月 22 日）、第 18 封（1974 年 1 月 30 日）、第 19 封（6 月 4 日）、第 20 封（7 月 8 日）、21 封（1978 年 4 月 25 日）等，共计 13 封匿名信件。

此后，"黄道十二宫"杀手就此沉寂，再也没有出现或者发表任何声明。尽管警方在此期间内找到了近 8 名重点怀疑对象，但他们依然没有足够的证据证明这 8 个人中的某一个就是"黄道十二宫杀手"。

就当大家以为事情到此结束的时候，34 年后的一天，一名居住在美国加州、名叫丹尼斯·考夫曼的男子突然向 FBI 提供了一条非常重要的线索，他发现他的继父很可能就是警方苦寻无果的"黄道十二宫杀手"。

据丹尼斯称，在他 5 岁的时候，杰克·塔兰斯成了他的继父。2006 年，杰克·塔兰斯自然死亡，丹尼斯在整理杰克遗物的时候竟然发现了数件奇怪的物品，这些物品有杰克曾经留下的亲笔便条（经 FBI 检验，该笔迹与"黄道十二宫杀手"笔迹相同）、一些死人尸体的照片、一把带有血迹的匕首以及一盘录音磁带。在这盘磁带中，杰克称自己就是"黄道十二宫杀手"。最让人感到吃惊的是，包裹这些遗物的物品是一个很大的黑色头罩，这个头罩前面还画着代表"黄道十二宫"杀手的特殊标记。经 FBI 认证，这个头罩就是凶手作案时所戴的那个头罩。这些证据让 FBI 非常感兴趣，他们决定重启此案。

2009 年 6 月 26 日，FBI 通过 DNA 检测证实杰克的 DNA 与当年案发现场所遗留下来的 DNA 片段吻合，他们对外宣布杰克·塔兰斯就是"黄道十二宫杀手"，但这份检验报告在 2010 年 4 月份被推翻，有人指责洛杉矶警方保存 DNA 的方法和检测结果都是不正确的，但经 FBI 反复确认之后，他们认为杰克·塔兰斯就是该案的最大嫌疑犯。

第六章

"最危险的杀手"——邪教组织连环凶杀案

    查尔斯不允许教众们睡觉，强迫这些年轻人在长期失眠的情况下丧失自主意识，并使用音乐和迷幻药来催眠他们，以此来达到完全掌控这些人的目的。这些人就是查尔斯最初的班底，也就是美国历史上臭名昭著的"曼森家族"的前身。

20 世纪 60 年代，在美国兴起了一股"披头士"热潮，大多数美国青年人都十分喜爱这项音乐运动，他们疯狂迷恋披头士的音乐。在这个年代除了名噪一时的披头士音乐之外，还曾经出现过一个极其邪恶的组织，该组织的头领名叫查尔斯·曼森，他是一个极其危险又极度变态的人，他所控制的邪教组织"曼森家族"，更是丧心病狂、杀人如麻。曼森曾经组织策划过多起连环杀人案，被美国官方冠以超级杀人王的名头，是当时美国政府最痛恨的罪犯之一。

在查尔斯·曼森的一生中，曾拥有过很多头衔，他不但是"监狱的常客"，还是一些人心目中的"心灵导师"，更成立了一个以自己的姓"曼森"来命名的家族。他成立该家族之后，组织策划了两起震惊美国的连环杀人案（美国警方认为查尔斯不止这些罪行），这两起案件的破获正式将查尔斯的罪行公之于众。和大多数连环杀手都不曾拥有一个幸福童年一样，查尔斯在年幼的时候同样不曾有过幸福。

1934 年，年仅 16 岁的未婚少女凯瑟琳·马道克斯在俄亥俄州的辛辛那提市生下了查尔斯·米勒·马道克斯，不久之后凯瑟琳携子嫁给了一名叫威廉·曼森的工人，查尔斯·米勒·马道克斯也就改名为查尔斯·米勒·曼森。查尔斯可能从一生下来就没有见过自己的亲生父亲，他的生父曾经在一份法院判决书中以克罗奈尔·斯科特的名字出现，但没有人见过他的真面目。据查尔斯说，他的亲生母亲是一个嗜酒如命的女人，这个所谓的母亲曾经为了一瓶啤酒就将查尔斯送给了一名无子女的酒吧女招待，后来还是查尔斯的舅舅将他接走，于是查尔斯就和舅舅生活在一起。

1939 年，查尔斯的舅舅和母亲在西弗吉尼亚的查尔斯顿因抢劫被捕，并被判刑 5 年之久，年仅 5 岁的查尔斯只好搬去西弗吉尼亚州的麦克梅肯，和他的叔叔、叔母在一起生活。1942 年查尔斯的母亲获得假释，她将查尔斯接回自己身边，母子二人在一家废弃的旅馆中生活。在查尔斯的回忆里，这段时间母亲曾给过他温暖的拥抱，这个拥抱就是他童年生活中唯一的幸福回忆。

1947 年，查尔斯的母亲试图将查尔斯送给一户人家收养，但没有成功，之后法庭将查尔斯安置在印第安纳州特雷霍特市的吉尔伯特男子学校，但只经过了 10 个月，查尔斯就从该学校逃了出来。逃出学校的查尔斯希望重新回到母亲的身边，却遭到了母亲的拒绝，随后她将查尔斯寄养在他的阿姨家。虽然他的阿姨是一名虔诚的教徒，但他的姨夫却是个心理变态患者，他以凌辱查尔斯为生活乐趣，不但经常取笑查尔斯，还将查尔斯打扮成女孩子，然后对他进行辱骂。

幼年颠沛的生活和姨夫的暴行导致查尔斯经常流浪街头，在大多数人人格养成的时期，查尔斯却缺乏正常的教导，这不仅使他的人格和心理出现扭曲，还让他开始仇视社会。对于查尔斯来说，生活到处充斥着不公、淫乱、欺骗和弱肉强食，这对他的未来影响极大，可以说，在所有导致查尔斯一步步走上犯罪道路的因素中，童年悲惨的遭遇是最重要的诱因。

年幼的查尔斯已经是偷盗能手了，他使用自己偷来的钱财在一家旅社内租了一间屋子作为自己的住处。在一次偷盗自行车的过程中，查尔斯被警方抓获，并被送往印第安纳州的一所少年管教中心。4 天后，查尔斯和另外一名男孩潜逃出该管教中心，并在出逃之后实施了两次抢劫行动。随后，查尔斯再次被捕，他被警方移交到印第安纳州的一所男子学校里接受改造，当时的查尔斯只有 13 岁，他对警方称自己在这所学校经常遭受性虐待，并多次试图逃跑。1951 年，查尔斯和另外两名男孩成功逃离该男子学校。

查尔斯带着另两名男孩，驾驶着偷来的汽车潜逃进犹他州，并对沿途的汽车加油站实施盗窃，这一行为触犯了联邦法律，FBI 将 3 人抓获，并将查尔斯送到了华盛顿国家培训学校，查尔斯将在这里生活 4 年。在这所学校中，查尔斯接受了智商检测，尽管他的智商很高（智商平均测试值为109，最后一次测试值为121），但他始终是一名"文盲"，工作人员将查尔斯定性为"反社会"。

1952 年 2 月，在听证会开始的前一个月，因为精神医生的一封信，查尔斯被移交到西弗吉尼亚州的感化收养所，在这里查尔斯被视为"危险分子"，因为他曾经用一把锋利的刀片抵住另外一名男孩的脖颈。

1952 年 9 月，查尔斯再次被转移到俄亥俄州的奇利科西，这里有着更加严密的守卫，经过一段时间的改造，查尔斯表面上看起来已经是一名"模范公民"了，良好的生活习惯和较高的知识水平使得查尔斯在 1954 年获得假释，之后查尔斯就和他的叔叔生活在西弗吉尼亚。

1955 年 1 月，查尔斯和一位名叫罗萨莉·简·威利斯的医院护工结了婚，据查尔斯自述，他在婚后的一段时间里，真切感受到了婚姻生活的幸福，他通过打零工和偷窃来维持这个家。同年 10 月，查尔斯和他已经怀孕的妻子驾驶一辆偷来的汽车前往洛杉矶生活，3 个月后，查尔斯再次被指控违法。警方对查尔斯做了精神评估，随后法院判处查尔斯 5 年缓刑。因为查尔斯并没有按时出席听证会，所以法院将缓刑取消，改为 3 年监禁，查尔斯被送往加利福尼亚的一座小岛上服刑。

在查尔斯进监狱之后，罗萨莉生下了他们的孩子，她和查尔斯的母亲生活在一起，并在查尔斯监禁的第一年一同去小岛上探视过他。1957 年，罗萨莉开始和其他男人同居，查尔斯在一次听证会前试图逃跑，但没有成功，随后再次被法院加判 5 年，假释申请也被法院驳回。

在监狱中查尔斯开始学习如何揣摩人心，如何用意志力操控他人。和查尔斯接触过的人都难以忘记他带有催眠性的眼神和洞悉他人心灵的谈话方式。

1967 年，查尔斯被假释出狱，这时的查尔斯已经 33 岁了，他决定前往旧金山的黑特亚许伯利区，在这里，查尔斯重新开始了他的犯罪生涯。查尔斯一到达旧金山就吸引了一大群逃出家门或者内心彷徨的年轻人，这些人被查尔斯的生活阅历以及似是而非的"智慧"话语所折服，他们将查尔斯推举为领袖，用自己的财富供养查尔斯。

对于查尔斯来说，成为这些人的头领并不是自己内心最渴望得到的，他更期望获得大量的金钱和崇高的地位。但当这件事情成为事实之后，查尔斯意识到，他的这种身份同样可以获得金钱和地位，因为这些年轻人会想尽一切办法（男人贩毒、女人卖淫）来供养他。

查尔斯开始重视这些人，他与他们同吃同住，并通过音乐和药物来控制这些人。查尔斯带领教徒展开无休止的聚会狂欢，他们整日整夜地唱着披头士的歌，在歌唱的过程中夹杂查尔斯对爱、和平、未来、自由的讲话。查尔斯不允许教众们睡觉，强迫这些年轻人在长期失眠的情况下丧失自主意识，并使用音乐和迷幻药来催眠他们，以此来达到完全掌控这些人的目的。这些人就是查尔斯最初的班底，也就是美国历史上臭名昭著的"曼森家族"的前身。"曼森家族"并不是查尔斯的族亲，这个组织的成员之间也没有任何血缘关系，他们全部是查尔斯的仰慕者和追随者，该组织的成员大多数是一些年轻而且富有的中产阶级女性。1969 年，"曼森家族"已经发展了将近 60 名信徒。

信徒的增长和欲望的膨胀使得查尔斯制订了一个"终极计划"，他声称这个计划是为了发动末日种族阶级战争，并且只有自己的信徒才能够活下去，他借用宗教的名义，声称自己是耶稣的转世化身，只有他可以带领信徒前往一个名叫"无底洞"的地方，躲过一场即将发生的大劫难。在 FBI 的档案中，这个计划是导致两起凶杀案的直接原因。

1969 年 8 月 9 日晚，一座位于好莱坞北面山谷中的别墅正在举行一个小小的家庭聚会。这座别墅的主人大有来头，她是著名导演罗曼·波兰斯基的妻子，名叫莎郎·塔特，莎郎也是一名演员。当天，莎郎因为丈夫远在欧洲拍戏，不能陪伴自己，而自己又怀有 8 个月的身孕，便召集了 4 名好友来自己的家中共度周末，但她没想到的是，一场酝酿已久的灾难正在悄悄降临到她的头上。

据 FBI 档案记载，当天晚上 12 点到 1 点之间，距离莎郎家 91 米的邻居科特斯听到莎郎家里面传来了几声零星的枪声，而在距莎郎家 2.6 千米外露营的提姆·艾瑞兰德则听到了凄惨的呼叫。莎郎家的清洁工温妮在第二天早晨 8 点钟上班的时候，发现车道上停着一辆不曾见过的蓝白色蓝博车，她还在厨房的地上捡到一根剪断的电话线，卧室的门是大开着的，并且门内有着两大摊血，外面的草坪上躺着一个人。温妮感到很害怕，她不敢上前查看，尖叫着向外跑去，在经过车道的时候她猛然发觉蓝博车上也躺着一具尸体，极度恐惧下的温妮赶紧跑去邻居家求救。在这份档案中，我们不难察觉莎郎家已经发生了非常恐怖的事情。

随后赶来的警察证实了这一点，蓝博车上死亡的是一名青年男性（被枪杀），他浸泡在鲜血中。莎郎家的草坪上一共有两具尸体，一名是大约 30 岁的白人男性，头部和脸部被尖锐的刀具刺得面目全非，包括身体其他部位一共被刺 51 刀；另一具尸体是位穿着睡衣的女性，一共被刺 28 刀。在莎郎家的前门处一个用鲜血写在地上的"猪"字（是用莎郎的血写的），走廊上丢着一副眼镜、一些弹壳和两条很粗的线。在卧室里，一名年轻的金发女性躺在地上，她的身上全是血，一条从横梁上垂下来的绳索紧紧套着这名孕妇的脖颈（莎郎身中 16 刀），绳子的另一端则缠绕在另一名男人的脖颈上，他同样满身鲜血。

这起案件一经报道就引起很大反响，社会各界为之侧目，人们主动参与该案件的调查。为了能够弄清凶手的犯罪过程，将杀害莎郎和她未出生孩子以及其他 4 位被害人的凶手捉拿归案，波兰斯基家族提供了 2.5 万美元的悬赏。但是经过两个多月的调查和近千次的盘查之后，警方并没有就该案件取得实质性进展。

与此同时，就在莎郎遇害的同一天晚上，距离莎郎家几十千米以外的比弗利山庄内一栋房子中同样发生了一起凶杀案。被害人是一对姓拉比安卡的夫妇，他们是加州一家大型连锁超市的老板。当天晚上，就在拉比安卡夫妇即将休息的时候，噩梦悄悄降临。拉比安卡夫妇被乱刀砍死，死相极为凄惨。凶手故意在凶案现场留下了一把插在男主人咽喉上的餐刀，并且他们还使用死者的鲜血在现场写下了三行字"猪猡们去死吧""起义""旋转滑梯"。

根据这些信息警方推断出，凶手此次的行动显得更为从容，并且警方认为两起凶杀案之间一定有着联系，极有可能是连环凶杀案。洛杉矶警方出动了大量警力对两起案件进行调查，他们将视线集中在和被害人有纠葛的人们身上，但并没有取得任何进展。

和大多数案件的破获过程类似，正当警方毫无头绪的时候，事情出现了转机，就在莎郎被害后不久，一名洛杉矶的毒品贩子在家中被杀，警方迅速抓住一名嫌疑犯。经过审讯，这名嫌疑犯将自己的同伙，一名叫苏珊·阿特金斯的女孩供出，并告知警方，这名女孩和一帮"嬉皮士"（当时反抗习俗和政治的年轻人）一起住在距洛杉矶不远的一处废弃农场中，并称这些人过着公社性的农场生活，他们的头领是一个 35 岁、名叫查尔斯·曼森的人。

1969 年 8 月 16 日，警方迅速出动，以"偷盗车辆"的名义逮捕了在该农场内生活的所有人。苏珊因为是杀害毒贩的嫌疑犯，被另行关押在洛杉矶女子监狱，和她同监的是一个名叫龙尼的妓女，在一次偶然的聊天中，苏珊告诉龙尼，自己就是杀害莎郎等人以及拉比安卡夫妇的凶手，龙尼将自己听到的话转告给监狱长。

警方在仔细调查过查尔斯的历史之后，发现他和他所带领的公社有着极大的嫌疑，于是他们就请一名叫文森特·巴格里奥西的律师和他的助手检察官斯蒂芬·凯对查尔斯·曼森提起公诉。

在查尔斯被捕之前，他还曾试图多制造几起凶杀案，并将这些凶杀案嫁祸给黑人，希望激化黑白人种之间的仇恨，迫使美国出现暴乱，当然他的愿望不可能实现。

这场审判一共持续了将近九个半月，是当时美国历史上花钱最多的诉讼案，这个记录直到 20 世纪 90 年代以后才被"辛普森案"所打破。整个案件的审讯过程都被摄像机拍下，然后通过电视对美国公众播出。

在审讯过程中，查尔斯充分展现了自己高超的表演天赋，他每天都以不同的面目示人，他还将其他嫌犯中的 3 名女嫌犯打扮得非常漂亮，然后和法官以及电视前的美国公众玩起了猫捉老鼠的把戏。每天查尔斯和 3 名女嫌犯都会唱着歌走向法庭，并且法庭外面会有一批"曼森家族"的成员坐在门口迎接他们，每当查尔斯到来的时候这些人就会大声呼喊"我爱查尔斯"的口号。查尔斯还在审讯期间剃光了头发，他在额头的正中央画了一个十字架，后来将这个十字架改为纳粹的标志，所有"曼森家族"的成员都跟着查尔斯做了同样的事情。

1971 年，查尔斯和另外 4 名嫌犯被陪审团确认有罪，法官判处 5 人死刑，但是在第二年，美国联邦法律就废除了死刑，5 人的判决也自动改为终身监禁，他们被关在监狱中。这 5 人中最有希望获得假释的是莱斯利·范豪顿，她作案的时候只有 19 岁，是 5 人中年纪最小的一个，但她前后一共提交了 14 次假释申请，均遭到法庭拒绝。

时至今日，查尔斯·曼森已经 80 多岁了，他因为罪行恐怖，所以被美国人称为"最臭名昭著的连环杀手"和"活在世界上的最危险的人"。即便如此，查尔斯还拥有着一大批忠实的粉丝，2013 年年底，查尔斯和一名仰慕他的美女埃弗顿·波顿相爱，并在狱中举办婚礼，结为夫妻。这个事件一经报道，就在社会各界引起很大的反响，只不过就算查尔斯手段通天，他今生今世也只能在监狱中为自己犯下的罪行赎罪。

第七章

伪装者——"新派"连环杀手

　　此时的泰德已经有些疯狂，他不再像原来那样有计划地实施谋杀，他也不像原来那样不给警方留下任何线索，现在的泰德更像是一个无组织杀手，他的杀人过程、凶器选择、杀害对象以及是否抛尸都开始呈现随机性。

二十世纪七八十年代，美国曾出现了一个恐怖的变态杀人魔王，他有着极高的智商和严谨的思维，所有的杀人行动都有着严密的计划，以至于在这名"新派"连环杀手被捕多年之后，警方依然不能够确认这名杀手具体制造了多少起谋杀案，也不能确认凶手一共残害了多少人。

在整个连环杀手的世界中，泰德·邦迪的名字绝对是最响亮的。如果我们把"开膛手杰克"和约克镇杀人狂魔比作是"旧派"杀手的鼻祖，那么泰德·邦迪一定是"新派"杀手心目中的偶像。在 FBI 的卷宗中我们可以清楚地看到，警方至今还没能确认泰德第一起谋杀案的作案地点，这名连环杀手中的"唯一博士"（自称）也就成了美国历史上最臭名昭著的"变态杀人狂魔"。

泰德完全颠覆了人们对"连环杀手"的认知，他不像其他杀手那样长相凶恶，也不会独自一人缩在某个黑暗的角落里。作为一名成绩优异的心理学学士、法学院的学生、危机预防辅导员的泰迪，他打破了人们对杀手这一概念的认知，他——泰德·邦迪就和我们正常人一样，过着看起来既有节奏又完全正常的生活。

1946 年 11 月 24 日，泰德在费蒙特州柏林顿的一个单身母亲收容所内出生。22 岁的艾莉诺·路易斯·考威尔给泰德取了一个名字——西奥多·罗伯特·考威尔。艾莉诺也是一个苦命人，她在生泰德的时候并没有结婚，泰德的父亲是谁至今仍存在着争议，但这也使泰德符合了连环杀手的第一个特征——单亲家庭。

考威尔家族的所有人几乎都是卫理公会的教徒，他们非常排斥艾莉诺这种未婚先孕的行为。无奈之下，艾莉诺的父亲，也就是泰德的外公以养子的名义收养了泰德，而艾莉诺则成了泰德的姐姐。1950 年，泰德和他的母亲艾莉诺搬到华盛顿州的塔科马市与泰德的舅舅住在一起。一年后，艾莉诺和一名军队厨师约翰尼·卡尔佩帕·邦迪结了婚，泰德也正式改名为西奥多·罗伯特·邦迪。

泰德的继父一直试图与他建立起正常的父子关系，但对泰德来说，他的祖父才是他真正的"父亲"。在泰迪心目中，这也是他唯一尊敬的人。

对很多连环杀手来说，童年生活是导致这些人心理变态的根源，泰德·邦迪却并非如此。尽管他的父母在婚后先后生育了 4 个儿女，但他的继父并不曾虐待过他，甚至还因为他是长子而格外关照他。泰德与其他兄弟姐妹之间的关系也相当融洽，他的童年生活是充满爱和关怀的。当时人们对泰德的印象是非常正面的，泰德是一个聪明、阳光、朋友众多而且非常幽默的好孩子，但这种状况在进入高中之后发生了转变。

泰德在高中时期开始变得沉默寡言起来，他的成绩普通、社交受阻。在他看来，他的朋友们都"变了"，他甚至开始怀疑这一切是因为自己的"基因"太差所导致的，并认为自己的家人不能够很好地教会他如何适应校园生活。此时的泰德对男女之间的感情反应迟钝，他只和一名女孩约会过，他也不明白女孩为什么会对他感兴趣，即便是大家都说他长得很帅，但泰德并不自信。

尽管此时的泰德表现得很平淡，但警方认为这恰好和连环杀手在进入青春期后开始"隐形"（使自己处于可有可无的状态）吻合。警方还怀疑在泰德 14 岁时发生的 18 岁少女安·玛丽·布尔（泰德家的邻居）失踪案就是泰德所为。

1965 年，高中毕业的泰德进入了普尔特海湾大学继续学习。在泰德的回忆录中，他称这一年让他感到非常孤独，他只能忙于学业，不能和朋友玩耍或者结交新的朋友。泰德的母亲称当时泰德还住在家中，他每天都过着回家、学习、睡觉，然后再去上学的日子。

1966 年春，泰德对一个女孩产生了感情，这是他第一次对女孩动心。

斯蒂芬妮·布鲁克斯是一名来自加利福尼亚州一个富裕家庭的女孩，她不仅有着出众的容貌和高挑的身材，还有一头及腰的黑发以及独特而优雅的气质。这名女孩所拥有的一切都是泰德所渴望的，但自卑的性格使他在很长的一段时间内都不敢去接近斯蒂芬妮（泰德曾因家庭阶级低而感到自卑）。

泰德和斯蒂芬妮有着一项共同的爱好——滑雪，通过这项运动，泰德成功接近了斯蒂芬妮并用自己的相貌和魅力打动了她。随后两人发展为恋人，斯蒂芬妮也成了泰德的第一个女朋友。这一年泰德转校去了斯蒂芬妮所在的大学，他开始学习中文，他称自己要学世界上最难的语言，这样会使他显得与众不同。此时的泰德中文成绩优异，他的生活快乐而又上进。

在泰德的回忆录中，当时他的脑海中经常会闪现出一些奇怪的念头，但他自称是可以及时抑制住这些念头的。有一天泰德意外地从临街的一扇窗户中看到了一名一丝不挂的女性，这让他很兴奋，他开始有意识地偷窥别人家的窗户。渐渐地，偷窥已经成为泰德生活中不可缺少的一部分，为了能够顺利偷窥到对方，泰德还专门制订了一个信息复杂的日程表来管理自己的偷窥。

1967年，斯蒂芬妮学成毕业，这时她已经决定结束与泰德之间的恋情（学者认为，偷窥很可能使泰德一定程度上忽视了女友），为了摆脱泰德，斯蒂芬妮谎称自己要回旧金山发展，但泰德却说他已经成功申请了旧金山斯坦福大学的奖学金，这让斯蒂芬妮很沮丧，她只好让泰德跟了去。不久之后，斯蒂芬妮就找借口拒绝了泰德。爱情的失败对泰德的打击是致命的，他的弟弟就曾说过，泰德在与斯蒂芬妮分手前是很会控制自己情绪的一个人，但自此之后泰德已经很难控制自己的情绪了。

失恋后的泰德开始通过扎女性车胎和偷电盘盖来接近女性，但他的做法却没有取得成功。在大学校园附近，有太多的男性会帮助求助的女生。1967年秋，泰德开始尝试恢复正常的生活，但他始终无法控制自己。同年

12 月，泰德不得不休学开始环美旅游。1968 年，泰德在西雅图找到了一份管理仓库的工作，在做这份工作的时候，泰德逐渐开始偷东西，并成了一名惯偷。他的生活所需，包括一些大型设备都是他亲手偷来的，并且他只偷价值高的物品。

泰德还喜欢上了色情影片，他从最开始只看《花花公子》，到后来越来越喜欢暴力色情电影。此外，他还热爱看一些侦探杂志，他通过这些书刊不仅了解了警方办案的程序和一些罪犯的犯罪技巧，还对书中虐待女性的情节十分着迷。

这一年，泰德通过同学的关系加入了政党。他在政客阿特·弗莱彻的办公室找到了一份工作，这份工作让他享有了一些政治福利。比如，他可以自由出入本来只有有钱人才能加入的网球俱乐部。在这一段时间内，泰德很受阿特的器重，阿特让他作为自己竞选的负责人，在阿特看来，泰德是一个既聪明能干又思维严谨的人。不过在阿特竞选失败后，泰德也很快丢掉了工作。泰德马上在他曾经偷东西的百货商店内找到了新工作，他成了一名优秀的销售员，而且深受女性顾客的喜爱。

在有了一些存款之后，泰德辞掉了这份工作，起身前往费城探望斯蒂芬妮，并在费城天普大学报了剧院艺术课程。在这里，泰德学会了精湛的表演技术和化妆技巧。1969 年夏，泰德返回西雅图，在这里他遇到了丽姿·肯德尔，这名有着一头黑色长发的 24 岁女性虽然离过婚，但她的家境和容貌还是吸引了泰德，而丽姿也被泰德的外表所倾倒。她曾在回忆录中写道："他是如此的有魅力，英俊得令人着迷。"两人的关系发展迅速，3 个月不到的时间他们已经开始商讨结婚的问题了。

同年，泰德察觉自己的姐姐其实就是自己的母亲，而自己的父母则是自己的外祖父母，这个变故让他深受打击。1970 年，泰德在给医药公司打工的同时开始在华盛顿大学学习心理学课程，这一年泰德还曾救了一名落水儿童，在当地成了英雄。

泰德的心理学课程进展顺利，他得到了不止一位导师的赞誉。在晋升考试中，泰德的多位导师都为他写了推荐信，他们认为泰德是聪明、能干、积极而又认真的，他有着很强的责任感和非常稳定的情绪，这种人非常适合心理学研究。丽姿也认为泰德是一个浪漫、体贴、温柔的爱人，两人经常一同外出游玩，人们都认为他们结婚是水到渠成的事情。

1971年9月，泰德辞去司机的工作，转而加入西雅图紧急救助站工作。这个诊所主要为那些想自杀或者陷入危机的人提供电话诊疗或者咨询帮助。在这一段时间内，退休治安官、侦探作家安·鲁尔见证了泰德的生活。和大多数关于泰德的记载不同，在安的回忆中，泰德不仅不是一个杀人狂魔，还曾救过很多人。泰德在这家24小时营业的诊所中，通过电话成功地安慰别人，拯救了很多因心理问题而产生自杀倾向的人。

1972年，泰德获得了心理学学位并申请法学进修，但他并没有通过测试。泰德进入西雅图海景医院担任心理治疗小组的心理顾问，但因为过于冷酷和辱骂病人而被医院辞退。

1972年，丢了工作的泰德再次投身政治，他为州长丹·埃万斯工作。此时泰德再一次找到了使自己内心安宁的事情，他还曾因工作出色而得到州长的嘉奖。1973年5月，泰德受雇于本州共和党中央委员会。泰德在工作上渐入佳境。在上司看来，泰德是一个聪明上进而又相信体制的三好委员。

泰德再次申请法学进修，经过多方游说，他成功进入了盐湖城的犹他州法学院。在上学之前，泰德购买了一辆二手甲壳虫轿车，显然这种车型是他非常喜欢的。在即将入学的前一天，泰德突然改了主意，在收到录取通知之后，泰德向盐湖城犹他州法学院写信称自己因出车祸而不能入学，转而选择了华盛顿州塔科马市的菩及海湾大学法学院。泰德为何放弃自己辛苦得来的成果，这是人们所想不通的，心理学家认为导致这种行为的原因很可能与他自相矛盾的性格有关。

此时的泰德显得自信而成熟，他事业成功，再也不是原来那个无知少年了。在一次共和党的活动中，泰德与斯蒂芬妮相遇，斯蒂芬妮也非常惊讶于泰德的变化。泰德开始重新追求斯蒂芬妮，他瞒着丽姿和斯蒂芬妮约会并使她爱上了自己，泰德还在丽姿不知情的情况下与斯蒂芬妮订了婚。就在泰德和斯蒂芬妮准备结婚的时候，泰德突然冷淡下来，他拒绝在圣诞节送斯蒂芬妮礼物，并经常以学校有事为由整日消失不见。这种状况一直持续到1974年1月2日，斯蒂芬妮离开为止。

1月4日，一名18岁的华盛顿大学心理学系学生回到公寓休息，但她第二天并没有起床吃早饭，室友们也没注意。到了下午，她们开始担心，决定去她房间内查看，她们发现她的房门并没有锁，而这名女生躺在床上一动不动。当她们走近床前的时候，发现女孩的头和脸上全是血迹，床上丢了一把沾满血迹的铁棒，她的下体内还插着一把窥阴镜。这名女孩一直昏迷了10天，她苏醒后不能记起任何有关袭击的事。在泰德被捕后，警方怀疑泰德就是此案的凶犯。

1974年1月31日晚，华盛顿大学心理系的女学生琳达·海利回到自己和多名女学生合租的地下室公寓。由于琳达在当地一座电台担任滑雪记者，所以她需要早一些起床。住在她隔壁的芭芭拉·里特尔在早上5点钟的时候被琳达定的闹钟吵醒了，但她并没有过多关注。半小时后，芭芭拉起床，但她注意到琳达屋内的闹钟还在响，这让她感到奇怪，她便去琳达屋内查看。琳达室内看起来一切正常，唯一不同的就是平日不叠被子的琳达今天竟然将被褥叠得很整齐。

尽管这一天，室友们都看到了琳达的自行车停在楼下（琳达平日都是骑车上班的），而公寓的侧门也没上锁，但她们都没过多关注。一直到琳达的父母在当天来找琳达共进晚餐时，琳达依然没有出现，他们才急忙报警。随后赶来的警察在室内发现了一个满是血迹的枕头，而室友们也发现琳达铺床的方式和原来不同，她昨天所穿的衣物也同样不见了，除此之外没有任何线索。

返回旧金山的斯蒂芬妮感到十分困惑和愤怒，一直到 2 月 15 日，泰德都不曾与她有过任何联系。她决定给泰德打电话，当时泰德好像喝醉了酒，他只说了一句："好吧，真奇怪。"便挂断了电话，此后他们之间便再也没有联系。

1974 年 3 月 12 日，19 岁的唐娜·盖尔·曼森失踪，当日她离开宿舍去欣赏一场校园爵士音乐会，但她并没有到达会场，也没有留下其他线索。

4 月 17 日，大学生苏珊·兰考特计划和朋友一起看一场电影，她在看电影前在烘干机内放了几件衣服，准备等到电影结束的时候取出来，但她并没有到达影院，这名学过空手道的女孩也失踪了，没有任何线索。

警方在校园内展开了调查，他们收集了很多信息，其中就有一条是关于一个英俊、年轻、驾驶着甲壳虫汽车的男子的，但警方将这条信息遗漏了。

5 月 6 日，在西雅图俄勒冈州立大学上学的 22 岁的凯西·帕克斯失踪，没有任何线索。6 月 1 日，刚刚毕业的 22 岁女孩布兰达·贝尔失踪，没有任何线索。

在这一段时间内，丽姿发现泰德越来越奇怪。有天夜里，丽姿在醒来的时候发现泰德躲在被子里，正使用手电偷偷"观察"她的身体。丽姿还在壁橱里发现了一个装满粉末的盒子（泰德在医药公司偷的）以及一包女性内衣，但她最终没有质问泰德。

6 月 11 日，18 岁的大学生乔治安娜·哈瓦金斯决定去其他宿舍楼拜访一位朋友，夜晚的校园内少有学生，乔治安娜的朋友将她送到距离宿舍楼 15 米的位置后回去了，而乔治安娜就此消失。

在泰德的供词中，我们找到了这名女孩消失的原因：泰德将汽车停靠在校园内的阴影处，他在经过乔装打扮后，拄着拐杖邀请附近的女生帮他搬书，只有乔治安娜愿意帮他。在搬书的过程中，他们亲切交谈，而泰德在乔治安娜将书放在后座的一瞬间，用撬棍狠狠地击中了她的后背并用手铐将她铐住，丢在了后车座上。泰德将乔治安娜载到了郊区，中途她醒了一次，口中不断地重复自己要在明天考西班牙语，显然此时的乔治安娜已经有些神志不清了。

泰德将车开到一个僻静的地方，将乔治安娜拖出车外再次击昏，并用裤袜勒死了她。随后，他将乔治安娜拖进了一处树丛，强奸了乔治安娜的尸体，并一直待到第二天才从那里离开。

泰德准备在驾车返回的途中丢掉凶器和乔治安娜的衣物，但他发现乔治安娜的一只鞋子不见了。他意识到这很可能会成为警方寻找凶手的重要线索，于是他返回案发现场，将乔治安娜丢失的鞋子找到并清理了现场。

3日后，泰德重新来到弃尸地点，他和已经腐烂的尸体做爱，并用钢锯锯掉了尸体的头，将它埋在了15米外的地方。

这一年泰德的法学课成绩不及格，但他马上去了盐湖城继续他的学业，他隐瞒了自己在塔科马上学的经历，对盐湖城犹他州法学院说自己已经从车祸中恢复并准备入学，学校批准了他的请求。入学前泰德在紧急服务处找到了一份工作，并在入学的时候成为该机构的预算专员。据该机构的员工讲，泰德当时是整个机构所有人的羡慕对象，女人们欣赏他的外貌，男人们羡慕他的知识和政坛关系。

而此时的泰德，与丽姿之间的关系越发疏远，他在同丽姿泛舟湖上的时候，突然将丽姿推入水中并在丽姿挣扎的时候像个陌生人一样冷冷地注视着对方。一直到丽姿爬上岸后他才对她说："我只是和你开个玩笑。"

7月14日，23岁的缓刑犯监督官简·奥特在瑟马米什湖晒太阳，在她身边不远处有几对夫妇也在湖边休息。从其中一对夫妇的供词中，警方得知了简·奥特失踪的原因。在简躺下后半小时左右，一名英俊的年轻人走向了她，这名年轻人的一条手臂斜挂在吊带上，他问简是否可以帮他装船（略微带一些口音），简和他大约聊了有10分钟，然后跟他走了，这对夫妇听到这名年轻人自称"泰德"。

FBI整理了各地警方所掌握的资料，他们发现这些近期所涌现的绑架案极有可能是同一人所为，这些受害的大学生都有着类似或者同样的特点，而嫌犯则极可能是那个开着甲壳虫汽车、手臂受伤、自称泰德的人。

根据瑟马米什湖目击者的证词，警方绘制了嫌犯的素描像，连同甲壳虫汽车以及泰德的名字公布在了报纸上。泰德的同事在看到这个信息之后还曾和泰德开玩笑，但没有一个同事相信这件事是泰德干的。安·鲁尔和丽姿首先向警方举报了泰德，但他们仅仅是怀疑。此时 FBI 已经收到将近 3000 份有关疑犯的报告，他们并没有重视安和丽姿的举报。

8 月 2 日，20 岁的卡罗尔·巴伦苏埃拉失踪，没有线索。8 月 30，泰德前往盐湖城犹他州法学院报到，至此华盛顿州的失踪案告一段落。

9 月 7 日，警方在距离瑟马米什湖 1.6 千米远的伊萨夸山上发现了简·奥特和丹尼斯·纳斯鲁德的残骸，尸体被动物撕咬得所剩无几。警方在确认死者身份的时候发现，这些残骸一共来自 3 个不同的被害人，而第三名被害人的身份至今也没能确定。

10 月，卡罗尔·巴伦苏埃拉的尸体在奥林匹亚市附近找到，在这附近警方还找到了另一具女性尸体，但这名女性的身份也没能确定。

10 月 2 日，盐湖市开始出现女子失踪案，第一名失踪者是 16 岁的南希·威尔克斯，这名女生在与父母争吵后离家出走，有人看到她乘坐一辆甲壳虫汽车离开。

10 月 18 日，17 岁的梅丽莎·史密斯在晚上 9 时前往朋友家吃比萨，有人看到她曾去了一个年轻人聚会的场所，并看到她打车，但她也失踪了。10 天后，梅丽莎的尸体被警方发现，尸检显示，她的头曾遭到钝器重击，脖颈处有长裤的勒痕，她的妆容不乱，指甲也没有破损。警方推断，梅丽莎在被害前曾被关押数天，凶手给她化妆并在勒死她之前对她实施了多次强奸。

10 月 31 日，17 岁的劳拉·艾米在夜晚失踪，她的尸体在峡谷中被警方找到，凶手曾对她实施了强奸和鸡奸，尸体的脖颈上缠着一条长裤，头盖骨被钝器击碎，阴部被锐器划伤（警方怀疑是冰锥），现场没有血迹，但死者的头发是刚洗过不久的，警方推断劳拉和梅丽莎的遭遇相同。

11 月 18 日，泰德假扮警察在一座商场附近哄骗卡罗尔·达洛奇上车，在他准备用手铐铐住卡罗尔的时候，卡罗尔挣脱了他并逃跑了，这是唯一一从泰迪手下逃生的幸存者。

当天夜里，17 岁的黛博拉·科特去附近的溜冰场接她的弟弟，她曾使用公用电话给弟弟打了电话，说她马上就去接他，然后黛博拉走向她父母的车子，但她失踪了，警方没有找到任何线索。

在整个 10 月内，犹他州一共发生了 13 起谋杀案，当警方集中精神准备将凶手抓获的时候，犹他州却平静了下来，类似的案件没有再次发生。他们所不知道的是，此时的泰德已经返回西雅图过圣诞节了。

节日过后，类似的失踪案再次发生，在邻州科罗拉多，卡琳·坎贝和她的男友住在滑雪场内的一家旅馆中，卡琳在独自前往二楼拿杂志的时候失踪了。1 个月后，她的尸体在距离旅馆几千米的地方被警方发现，她的头盖骨被钝器击碎，从死者的姿势来看，卡琳死前有猛烈挣扎的迹象。

3 个月后，华盛顿州的学生在泰勒山上发现了一个头盖骨，经 FBI 鉴定死者是布兰达·贝尔。警方经过拉网式的搜索之后在附近又找到了 3 名被害人的头骨，分别是苏珊·兰考特、凯西·帕克斯、琳达·海利。FBI 资深探员罗伯特·D. 开普耳认为，凶手是在将头颅砍下保存了一段时间后才丢弃在泰勒山的，因为现场并没有发现颈椎。

3 月 17 日，在科罗拉多州的维尔市再次发生失踪案，26 岁的朱莉·科宁汉姆失踪，没有线索。

4 月 6 日，在科罗拉多州的大章克申市，25 岁的丹尼斯·奥利福森失踪，没有线索。

4 月 15 日，在科罗拉多州丹弗市 18 岁的梅兰妮·库里失踪，没有线索。

7 月 1 日，格尔登市的 24 岁女孩雪莉·罗伯特森失踪，没有线索。同一天，南希·贝德在法明顿市失踪，失踪地点距离盐湖市很近，同样没有线索。

1975 年 8 月 16 日，警官鲍勃在盐湖城外正例行巡逻的时候，一辆灰褐色的甲壳虫汽车引起了他的注意，作为当地的治安官，鲍勃·海伍德对当地的车辆都非常熟悉，而这辆甲壳虫好像从来都没有见过，他下意识地打开手电照了一下这辆车的车牌号，谁知这个举动一下子惊到这辆"甲壳虫"，它突然加速向前冲去，好像是要摆脱什么。这种状况非常像盗窃犯遇到警察时的反应。鲍勃立马驾车追了上去，他追了两个路口后逼停了这辆急驶的甲壳虫汽车。

车内的驾驶员是一个非常英俊的小伙子，驾驶证上写的名字是西奥多·罗伯特·邦迪。鲍勃检查车辆后发现，这辆车的后排座位被拆掉了，行李箱内放着一根撬棍、一个滑雪面具、一捆绳子、一副手铐、一支冰锥和一卷胶带。正常人是不会携带这些物品的，携带这些物品的人通常都是盗窃犯，警方提取了西奥多的指纹，并告诉他，他会被警方以非法持有盗窃工具的罪名起诉。

下周周二，FBI 在收集各地警方汇报的资料时，发现了这条信息，这个有关甲壳虫汽车以及手铐的案件引起了他们的注意。警方决定在法院开庭审理西奥多的时候请卡罗尔·达洛奇指认他，卡罗尔在法庭上认出了西奥多就是泰德，警方又以绑架未遂为由继续起诉西奥多。

次年春天，法庭判定西奥多有罪，因其没有前科，法院判处西奥多 1～15 年的监禁（一般为 3 年左右）。在西奥多服刑的期间，警方再次起诉西奥多犯有谋杀案，警方认为他与卡琳·坎贝尔的死有关。

事情到这里也应该结束了，泰德这名谋杀了 17 个人的连环杀手将在狱中为他所犯下的罪过赎罪，但泰德再一次逃脱了法律的制裁。在一次庭审的午休期间，泰德从阿斯彭法庭的二楼跳窗逃了出去（当时泰德拥有一定的自由），他一个人躲在山里面将近一星期，在他忍受不了山里面的生活时，他回到阿斯彭市，不久便再次被警方抓捕。此时人们还不清楚泰德具体犯了多少罪，有部分人甚至认为泰德是一位英勇的亡命徒。

1977年12月30日晚，泰德再一次成功越狱，在警方发觉的时候他已经逃到了芝加哥，并从芝加哥向安阿伯市的大学城潜逃，随后他又逃亡到佛罗里达州的塔拉哈西市，并在附近州立大学的宾馆内租了一个房间，依靠偷商店的物品和使用偷来的信用卡度日。

1978年1月15日，泰德潜入该州立大学女生宿舍内，他用木棒重击熟睡女生的头部，并对杀死的女生实施强奸，他甚至咬掉了一名女生的乳头。这一晚泰德一共杀死两人、重伤两人，在返回的时候，泰德又潜入该女生宿舍旁的一间宿舍内猛烈攻击了一名50多岁的女人，但他没能杀死她。

此时的泰德已经有些疯狂，他不再像原来那样有计划地实施谋杀，他也不像原来那样不给警方留下任何线索，现在的泰德更像是一个无组织杀手，他的杀人过程、凶器选择、杀害对象以及是否抛尸都开始呈现随机性。

FBI认为，此时的泰德已经进入了"衰竭"期，在这个阶段的其他杀手，很多都会向警方自首，有的则会自杀或者消失，而泰德这种疯狂杀人的行为其实意味着他想要警方抓到他。

2月9日，泰德杀害了他杀手生涯中的最后一名被害人——12岁的金伯利·里奇。泰德残忍地强奸、鸡奸了这名小女孩并将她抛尸荒野，尸体直到4个月后才被警方找到。

而在此时，泰德已经被警方反复拘捕了4次，每次泰德都用他的口才和因警方尚未掌握证据而逃脱了法律制裁，但这一次泰德在因一起偷盗车辆案件被捕、等待审讯的时候，FBI确认了他的身份。被害人身上的咬痕记录和泰德的牙医记录一致，这一次泰德再也不能逃脱法律的制裁了。

1979年7月23日，经过7个小时的最终审判，陪审团认定泰德有罪，法官判处泰德死刑，执行方式为电刑。

1982年也是"绿河杀手"猖獗犯案的一年，泰德愿意帮助警方做"绿河杀手"的心理侧写，FBI 的资深探员罗伯特·D.凯普尔负责此事，他们不仅需要泰德帮助分析"绿河杀手"的内心世界，还希望能够从泰德身上了解他所犯的其他案子，希望能够找到泰德的抛尸地点和他所杀害的其他被害人。

1989 年 1 月 24 日，在民众和大学生的强烈要求下，这位残忍杀害 28 名女性（官方说法，美国民间认为泰德至少杀害了 100 人），犯案 30 余起的杀人魔王，被送上电椅执行了死刑。

第八章

沉默的羔羊——"密尔沃基食尸鬼"

　　杰夫瑞在做上述那些事情时不仅思维十分清晰，而且感官功能全部正常。FBI认为：导致杰夫瑞如此变态的原因是他在内心认为，只有这些行为才能让他满足，这种感觉迫使他不断挑战"自我放纵"的极限。

在 FBI 众多的罪犯档案中，有一个在连环杀手史或者犯罪史上都能称得上最冷血、最变态、最令人发狂的杀手。这个杀手在 13 年中一共残害了 17 位被害人，他除了将被害人绑架、强行发生性关系、杀死对方以外，还会在被害人的尸体上挑选他"看上"的器官食用。

这个有着大众化外表的男人，在作案的过程中只杀男人，他是一名同性恋，有着极其冷酷的内心。他就像是电影《沉默的羔羊》中食人博士的现实投影一样，需要通过奸尸或者食尸才能够获得满足或者性高潮。

这个人就是——杰夫瑞·莱昂内尔·达莫。据美国官方调查显示，杰夫瑞·莱昂内尔·达莫这个名字，在当时甚至比近几届的美国总统还要出名，几乎没有人不知道这个变态恶魔的"事迹"。

1960 年 5 月 21 日，杰夫瑞·莱昂内尔·达莫在位于威斯康星州东南部的工业城市密尔沃基出生。年幼的杰夫瑞生得十分"美丽"，甚至可以说他是"男生女相"。他是家庭中的第二个孩子，因为外表清秀而从小被父母宠爱，这与众多连环杀手的童年经历不符。

杰夫瑞在 4 岁的时候因为有疝气而不得不进行手术，这个手术使他在很长的一段时间内都处于"害怕和恐惧"之中，因为手术过程中需要陌生人（医生）摸索他的身体，这很容易让年幼的孩子产生恐惧。

由于家人的疏忽，相貌清秀的杰夫瑞屡次遭到邻家男孩的性骚扰，这种变态的行为使杰夫瑞的内心世界悄悄地发生了转变，直接影响到他成年之后的性取向（但有些资料中记载，杰夫瑞性取向的问题是被疝气手术所影响的）。

1968 年，杰夫瑞一家搬往俄亥俄州的巴斯镇居住。新的环境和杰夫瑞内向的性格使他在生活中几乎没有任何朋友，所以杰夫瑞就将他生活中空闲下来的大量时间花在了"探索"自己家房屋后面的树林上。杰夫瑞的"探索"很残忍，他经常会抓一些小动物进行"试验"。他会将这些动物弄伤或者杀死，然后再将动物尸体的脑袋割掉，并用硫酸处理这些动物的尸骨。这些残忍行为尽管引起了他父母的注意，但他们认为这是男孩子所应有的一种游戏，所以并没有过多关注。但 FBI 认为，这一行为对杰夫瑞的影响极为深远，因为这些行为就是他日后实施杀人计划的"标准"。

上学后的杰夫瑞不仅没能改变处境，反而使自己变得更加孤僻和不合群。他怪异的说话方式和非常低的体表温度，使其他孩子不愿意与他过多接触。但恰恰是这种现状使得杰夫瑞发现，他越是古怪，就越能引起其他人的关注，而且如果他愿意和其他人一起喝酒的话，那么他就很容易被他们所接受，于是杰夫瑞很快就染上了酗酒的毛病。杰夫瑞还经常在教室的黑板上绘制人体的形状，这一行为让其他同学感到很奇怪。

1978 年，杰夫瑞高中毕业，也正是这一年，他本来就相处不和睦的父母选择了离婚，父母的离异对杰夫瑞有着极大的打击，这使他的性格变得越发孤僻。成绩不算很优异的杰夫瑞没能顺利进入大学学习，他决定加入军队服役，但很快就因酗酒而被军队除名。退伍后的杰夫瑞在密尔沃基市的一家工厂找了份工作。从此之后，杰夫瑞就开始经常出入同性恋酒吧"寻欢作乐"。

杰夫瑞在一次偶然的情况下认识了一个搭便车的旅行者——希克斯，但当他试图和希克斯发生性关系的时候，希克斯选择了逃跑。这一举动一下子触及了杰夫瑞的底线，他拿起哑铃敲晕了希克斯，然后用力掐死了他。

在 FBI 的卷宗中，我们通过杰夫瑞的自述可以看到，他会杀死任何试图从他身边离开的人，不幸的是即便是他所爱的人，也都选择了离开他。所以杰夫瑞认为，只有亲自动手杀死对方，这些人才永远不会离开自己。

杰夫瑞将希克斯的尸体分割成小块，装进一个大塑料袋内，然后把它藏在地板下面的槽隙（用来布线的方格）中。几天后，尸体腐烂的臭味越来越浓烈，杰夫瑞担心藏起的尸体被家人发现，于是他就将尸体重新埋在了屋后的树林中。

几天后，杰夫瑞又发现屋后的树林里经常会有小孩子在那玩耍，他担心他们会发现尸体，于是他又将尸体挖出。此时尸体已经只剩下骨头了，杰夫瑞先用大锤将骨头敲成碎片，然后均匀地洒在了树林中。在他看来，这种行为可以让希克斯永远也不离开自己。由于尸体被毁，警方无法确认死者的真实身份，所以这起谋杀案也几乎不为人们所知。

杀死希克斯后，杰夫瑞再次回到正常的生活中，但他依然不能完全控制自己的行为。在 1982 年到 1986 年之间，杰夫瑞曾因行为不检而两次被警方拘捕，又因为曾在两名男孩面前手淫而被法庭勒令禁止与 18 以下的孩子接触。

杰夫瑞的父母离异被法庭准许，因为杰夫瑞已经年满 18 岁，所以法庭并未判决他需要跟谁在一起生活。而他的父母也好像遗忘了他，只是尽力争夺其他孩子的抚养权，这让杰夫瑞再一次尝到了被抛弃的滋味。

1982 年，杰夫瑞搬到威斯康星州的西埃利斯和他的祖父母生活在一起。此时杰夫瑞试图找一个真正的女朋友并组建一个家庭，但他很快就因为在闹市露阴而被刑拘。

1985 年，杰夫瑞在一家巧克力公司找到了一份工作，但又因为在公共场所当众小便被拘。此后，杰夫瑞愈发不能控制自己内心中的变态欲望，他又一次开始杀人。

1987 年 9 月，史蒂夫·托米与杰夫瑞相识。杰夫瑞在和他聊了两句后，便带着史蒂夫前往一家汽车旅馆。那一晚他们喝了很多酒，当杰夫瑞清醒的时候，他发现史蒂夫已经死了。杰夫瑞用行李箱将史蒂夫装了起来，并把他带到了自己祖母家。藏好尸体后，杰夫瑞在祖父母不知情的情况下与尸体性交，对着尸体手淫，最后他将尸体一块块分割开，然后销毁。1988 年 1 月，杰夫瑞搭载了一名 14 岁的男孩，他将这名男孩带到地下室后杀死。

1988 年 3 月，杰夫瑞再次杀死一名叫理查德·格雷罗的黑人男子，据说这名男子是在去朋友家玩的时候，在中途遇到杰夫瑞，杰夫瑞将他诱骗到家里，采用同样的方法杀死了他。

在这段时间内，杰夫瑞的行迹显得愈发诡异，他总是一个人在地下室待很久，而那里除了经常散发出一股让人感到恶心的味道以外，还总是传来整晚都不停歇的敲击声。这些情况让祖母开始讨厌他，她对杰夫瑞说："我不能一直照顾你，你应该有自己的生活。"杰夫瑞很伤心，他认为自己被祖母抛弃了。1988 年，杰夫瑞搬到了北区 25 街的牛津公寓居住，但不久之后他又因猥亵男童而被刑拘。

1989 年 3 月，杰夫瑞在一个名叫 lacage 的同性恋酒吧内结识了安东尼·希尔斯。杰夫瑞是这家酒吧的常客，他告诉安东尼有机会他们可以去他家开酒会派对、拍摄裸体照片以及做爱。杰夫瑞趁祖母不在家的时候邀请了安东尼，安东尼欣然前往。他们在家中疯狂地做了他们想做的一切，但安东尼所不知道的是，杰夫瑞在给他的酒水中放了他自制的安眠药。杰夫瑞等到安东尼熟睡之后将他杀死并分尸。

与以往不同的是，杰夫瑞还将安东尼的脑袋放进水中煮透，又把他的皮完整地扒了下来，然后他将安东尼的头颅风干，在外面刷上青灰色的颜料后，带到自己所居住的公寓内充当具有"特殊"意义的纪念品。

同年 5 月，法庭以杰夫瑞多次不道德引诱男童的罪名判处他 3 年监禁，后减刑为 1 年，但要服 5 年缓刑。

这一年内，杰夫瑞认真接受改造，他的态度让他提前恢复了正常生活，但刚刚恢复自由的杰夫瑞马上故态复萌，这一次他将压抑许久的恶魔完全释放出来。杰夫瑞悄悄地展开了自己制订的杀人计划。

1990 年 6 月，爱德华·史密斯被杰夫瑞骗进位于 25 街区 924 号楼的 213 号房间，他在爱德华被迷晕后杀死了他；同年 7 月，雷蒙德·拉蒙特·史密斯被杰夫瑞以同样的手法杀害；同年 9 月 3 日，恩斯特·米勒被杀；同年 9 月 24 日，戴维·托马斯被杀。

1991 年 2 月 28 日，柯蒂斯·崔斯特被杀；同年 4 月 7 日，埃罗尔·林德赛被杀；同年 5 月 24 日，托尼·安东尼·霍格斯被杀；同年 5 月 27 日，克内拉克·新萨索芬被杀；同年 6 月 30 日，马特·特纳被杀；同年 7 月 7 日，杰里米·杰米·威恩伯格被杀；同年 7 月 15 日，奥利弗·莱西被杀；同年 7 月 19 日，约瑟夫·布雷德霍特被杀。这些人被害的过程几乎完全一样。

在这些先后被杀的 12 人中，警方只确定了克内拉克的死亡过程。克内拉克是一名年仅 14 岁的老挝裔美国男孩，杰夫瑞先将他骗到室内，用掺有迷药的酒水迷倒了克内拉克。在确认克内拉克还要一会才能苏醒后，杰夫瑞决定去酒馆购买啤酒，但就在他去购买啤酒的时候，克内拉克竟提前醒来。

克内拉克意识到自己很危险，于是他强撑着尚未恢复的身体，慌慌张张地逃出了杰夫瑞的公寓。逃到大街上的克内拉克没穿衣服，肛门处带有大量血迹以及脚步蹒跚的逃跑姿势引起了两名女孩的注意，她们认为克内拉克需要帮助，于是便报了警。

此时，杰夫瑞刚好从酒馆返回，他发现这一情况后急忙上前将克内拉克拖进室内。而此时，两名在附近巡逻的警察已经赶到并制止了他。

杰夫瑞出奇地冷静下来，他对警察说他和克内拉克是同性恋人，而克内拉克已经年满 19 岁，他和杰夫瑞都属于成年人，而且杰夫瑞在面对警察盘问的时候表现得非常温和文雅，这让警察相信他们只是"情侣"之间出现了一些纠纷。

不太放心的警察还是去杰夫瑞的公寓粗略地查看了一遍，尽管他们闻到了一股难闻的气味，但这些并没有引起他们的注意，所以这两名并不想过多参与两名同性恋之间"感情纠纷"的警察急匆匆做完笔录后便离开了，他们甚至忽视了再次陷入昏迷的克内拉克。

两名警察不相信外表文静、态度温和的杰夫瑞会做出什么可怕的事情，而他们在向上级报告的时候也并没有将这件事情当作重点，他们甚至还觉得这一对同性恋人十分可笑。他们所不知道的是，就在克内拉克昏倒的那张床上，杰夫瑞在三天前刚刚肢解了安东尼·霍格斯，而且安东尼的部分尸体还保存在杰夫瑞室内的冰箱中。

杰夫瑞在确认警察走后将克内拉克扼死，然后与他的尸体发生关系，在将克内拉克肢解后，他把克内拉克的头颅制作成了纪念品。

当天傍晚时分，两名报案女孩的母亲给警察局打电话询问下午所发生事情的结果，但警方竟以无法干涉他人性取向为由而不了了之了。杰夫瑞极其"好运"地从警察的眼皮底下逃脱了，这真的让人难以相信。

事实上，克内拉克的死在很大程度上与美国当时歧视（忽视）有色人种有关。密尔沃基是一座工业城市，大量的外国移民使得当地警方相信：一名30岁上下的白人男子一定是守法公民。而这种思维定式就是导致杰夫瑞不断杀害黑人和有色人种男子却又屡次逃脱法网的主要原因。

1991年7月末的一个晚上，罗斯·米勒和罗尔夫·米勒正按惯例在街上巡逻。就在这时，一名叫特雷西·爱德华的黑人青年冲过来向他们报案，他声称附近有一位居民想要将自己杀死并把他的心吃掉。罗斯和罗尔夫从特雷西的脸上看到了恐惧，他们认为特雷西没有撒谎，于是他们决定对这件事做一个调查。

在盘查了附近几家住户之后，他们来到了杰夫瑞的家，屋内传来的血腥味让两名警察察觉到事态非常严重，他们破门而入，将惊慌失措的杰夫瑞就地抓获。随后，警方在杰夫瑞的屋子里找了大量制成标本的人头和储存在冰箱内准备食用的人肉切片，以及一个未经处理、带有血迹的人头！

杰夫瑞在被捕后对自己的罪行供认不讳，他还称自己对"食人"是非常讲究的，他首先要挑选自己想要吃的部位或器官，被选中的部位会被他切下放在冰箱中，而不被他所看中的部位会被丢进厨房内特制的硫酸池中销毁。

杰夫瑞的行为极其变态，以至于警方认为他患有很严重的精神疾病，但令人感到恐惧的是，精神病专家的分析表明，杰夫瑞的精神状况是完全正常的。这就意味着，杰夫瑞在做上述那些事情时不仅思维十分清晰，而且感官功能全部正常。FBI 认为：导致杰夫瑞如此变态的原因是他在内心认为，只有这些行为才能让他满足，这种感觉迫使他不断挑战"自我放纵"的极限。

杰夫瑞·莱昂内尔·达莫因残忍谋杀多人以及食人而被法院认定有罪。杰夫瑞的连环杀人案被曝光以后，密尔沃基市内爆发了大规模的抗议游行暴动，人们认为导致这一切的根源在于美国不公平的种族政策。迫于各方面的压力和杰夫瑞确实臭名昭著，法院连续判处杰夫瑞 15 个终身监禁，合并执行为 1070 年，并将其关押在监视程度高到几乎没有自由的监狱中。

1994 年 11 月 28 日，34 岁的杰夫瑞·莱昂内尔·达莫在狱中被一名自称"上帝之子"的囚犯殴打致死。这名囚犯称自己杀死杰夫瑞的行为是在替天行道，但不论如何，这个臭名昭著的"密尔沃基食尸鬼"最终没能逃脱正义的惩罚，即便它总是姗姗来迟。

第九章

蛇蝎美人——"黑寡妇"迷案

　　但是，警方始终不能掌握足够的证据证明他们的假设，而桑德拉和她的律师也拒绝和警方合作，桑德拉声称自己是无辜者，并说她是恶毒流言以及无根据推测的受害者。桑德拉最终拿到了艾伦的保金，但是关于这名"三度寡妇"的流言也愈演愈烈，人们纷纷议论她，躲避她，没有任何人愿意与桑德拉发生任何纠葛。

在美国南部的达拉斯市，享受生活已经成为当地人们的共同追求。达拉斯市是美国国内生活条件最好，环境最舒适的地区。也正因为如此，能在达拉斯市居住，成为很多美国人的毕生梦想。1984 年，36 岁的桑德拉·布莱威尔就居住于此。

桑德拉有着一头火红的长发，她美貌而又富有魅力。桑德拉的前两任丈夫意外离世，他们留给桑德拉 3 个孩子和 1 栋位于达拉斯市黄金地段的豪华公寓。在不熟悉桑德拉的朋友眼中，桑德拉是一位非常随和而且爱笑的女性，她拥有一双"会笑"的眼睛，这对男人来说非常有吸引力，几乎没有男人可以拒绝这种诱惑。

这一年，29 岁的艾伦·雷里格从他的家乡俄克拉荷马州来到达拉斯市工作。他在朋友菲尔·艾斯科瓦的建议下准备购买一栋带有车库的公寓。艾伦年轻的时候曾是一名橄榄球运动员，他身材高大、相貌英俊，有着独特的男人魅力。就这样，当艾伦偶遇了同样富有魅力的桑德拉，他们很容易就产生了感情。

桑德拉在与艾伦见面后不久，便将自己的情况"如实"告诉了艾伦，艾伦对这个坦诚而又平易近人的富婆另眼相看，他们迅速坠入爱河并开始成对出入上层交际场所。艾伦的朋友们对此并不感到意外，他们都认为是又有女孩子在追求他。坠入爱河的艾伦不曾注意到桑德拉侈靡的生活方式，而这种生活方式就是导致他们最终分开的原因。

在艾伦和桑德拉交往约 3 个月之后，桑德拉神秘地告诉艾伦，她怀了一对双胞胎，艾伦非常惊喜，他主动联系了家人与亲朋好友，准备与桑德拉结为夫妻。不久，他们就在达拉斯市龟溪地区的一栋别墅里举行了婚礼，人们都衷心地祝福这对夫妻能够幸福。

结婚后没多久，艾伦突然接到了桑德拉打来的一个电话，桑德拉说她流产了。艾伦当时就要赶往医院，但桑德拉说她已经离开了医院，现在正在回家的路上。她声称自己看到了流产的那一对双胞胎，她对艾伦说，这对孩子和她有着一样颜色的红色头发。艾伦对这件事情很痛心，他真的很想组建一个完整的家庭。

流产事件发生后没多久，桑德拉就以家庭责任为由说服艾伦和艾伦的家人，让他购买了一份价值 22 万美元的人身保险。

婚后生活显得平淡而又甜蜜，不过艾伦依然感到来自经济上的巨大压力，桑德拉花钱的速度要远远超过艾伦挣钱的速度。渐渐地，入不敷出的情况越来越严重，桑德拉曾在一天之内刷光了艾伦卡上的 18 万美元。

桑德拉的行为渐渐使艾伦对她起了疑心，他发现桑德拉并不像她自己描述的那样富有，她婚后的所有消费全都是从艾伦的信用卡上透支的，而且艾伦发现，桑德拉的真实年龄比她告诉艾伦的年龄还要大 4 岁。

妻子的不忠让夫妻之间的感情出现了裂痕。1985 年 10 月，结婚还不到一年的桑德拉和艾伦分居了，艾伦搬到了朋友菲尔家居住。

一个月后，桑德拉突然打电话给艾伦，说她想要和艾伦见面，艾伦也非常想要见到桑德拉，他是真心爱她的。桑德拉约艾伦见面的地方是艾伦的储藏室，她对艾伦说，她想要从储藏室内取一些东西。

1985 年 12 月 7 日下午，艾伦很早就驾车来到了他与桑德拉约好的地方。在艾伦离开的时候，他还曾和朋友菲尔打过招呼，菲尔亲眼看着艾伦驾车离开，但从此之后，菲尔再也没有见到过艾伦。

在艾伦离开约两个小时的时候，桑德拉打通了菲尔的电话，她质问菲尔，为什么艾伦没有在约定地点出现。菲尔感到很疑惑，他亲眼看到艾伦驾车离开的，他觉得事情可能有些不对劲儿，菲尔急忙通过电话联系了艾伦的家人和他所有的朋友，但艾伦并没有去他们那里。两天后，艾伦依然没有消息，艾伦的母亲急忙向警方报案，警方在得知事情的始末之后便开始着手调查。

在警方的走访中，桑德拉不仅没有担心艾伦的状况，反而非常担心自己的安全。桑德拉告诉警方，艾伦已经染上了毒瘾，他的消失很可能预示着自己也会有危险。桑德拉还雇用了私家侦探比尔来保护自己，比尔相信了桑德拉的话，他帮助桑德拉更换了门锁并开始监视桑德拉的别墅。

1985 年 12 月 11 日清晨，艾伦的尸体在达拉斯市以北 320 多千米的俄克拉荷马城被警方发现。艾伦的尸体就在他的车中，他因头部和胸部中枪而死。

就在俄克拉荷马城警方开始调查这起枪杀案的时候，他们接到了好几个从达拉斯打来的匿名电话，这些电话提醒警方一定要提防那个"寡妇"和她所编造的谎言，这个寡妇指的就是桑德拉。警方开始怀疑，这寡妇到底隐瞒了什么？她与她第三任丈夫的死有什么关联？

就在警方猜测桑德拉是否有作案嫌疑的时候，一名跟踪调查桑德拉 20 多年的女记者格伦娜·惠特利爆料出一条有关桑德拉的信息——桑德拉根本就没有怀孕，早在 8 年前，桑德拉就已经做了子宫切除手术，这证明她根本不可能怀孕，怀孕是她逼迫艾伦尽快与自己完婚的谎言。

警方在证实这个消息以后开始审问桑德拉。在第一次问询中，桑德拉称艾伦有着很大的毒瘾，并且他还是一名赌徒，艾伦是被他的一名朋友杀死的。在整个审讯中，桑德拉不断地攻击死者的性格，并试图说服警方相信她的话。但这次询问不仅不能使警方相信桑德拉的话，反而使警方更加怀疑桑德拉的作案嫌疑。

随后桑德拉再次告诉警方，艾伦曾试图杀害她。那是婚后的一次游湖度假，艾伦夫妇选择乘坐一辆喷气式划水车，在到达湖中心的时候，桑德拉称艾伦试图将她抛弃在湖中。警方询问了所有与他们共同游湖的目击证人，但这些人一致指出桑德拉所讲的故事是一个谎言。除此之外，桑德拉还向警方讲了许多其他的例子，但事实证明这些例子都是桑德拉故意编造的。

警方准备紧抓桑德拉这条线索，他们想要从桑德拉身上找出更大的破绽，但桑德拉在艾伦葬礼结束之后马上就返回了达拉斯，此后她再也没有去过俄克拉荷马州。警方不准备就此放过桑德拉，他们专程从俄克拉荷马州派了监视人员监视桑德拉的一举一动。

警方得知桑德拉曾雇用过一名叫比尔的私人侦探，他们从比尔那里得知，比尔也曾怀疑过桑德拉，比尔在尸检报告上发现艾伦没有任何吸毒的迹象，这让他开始怀疑桑德拉可能在说谎。为了确定桑德拉有没有说谎，比尔雇用了一位测谎专家，他骗桑德拉称这次测试只是一个惯例，但桑德拉并没有通过这项测试，而且她在艾伦是不是她杀的和她与艾伦的死有什么关系这两个问题上表现得极差。

警方在掌握了这些消息之后，更加确定桑德拉就是这起案件的重要嫌疑人，但他们不能凭借这些信息就起诉桑德拉。

由于桑德拉拒绝和警方合作，所以案件的侦破一直处于停滞阶段，但俄克拉荷马州的警察找到了桑德拉杀害艾伦的潜在作案动机，这个作案动机就是艾伦所购买的价值 22 万美元的人身保险。艾伦死前已经和桑德拉分居，如果艾伦和桑德拉离婚，那桑德拉就永远不可能得到这笔保金，所以桑德拉很可能会在艾伦与自己离婚之前杀死他，以此来保证自己一定能获得这笔保金。

尽管警方的猜测很有依据，但这种潜在的作案动机是不能证明桑德拉就是杀害艾伦的凶手的，而桑德拉还有不在场的证明。她声称，当时她在和艾伦约定的地点等了艾伦一个多小时，离开后她就一直与朋友待在一起。这是她手中最厉害的撒手锏。

警方通过检查艾伦的尸体发现，艾伦的尸体曾在两种差异很大的气温环境中储存，他死的时候周围气温应该很高，在存放了一段时间之后，尸体才被转移到气温较低的地方。艾伦的尸体还有被拖动的痕迹（从驾驶座位拖到了车中间），而且艾伦车内的驾驶座椅也被调高了，驾驶座位上血迹有被清理的痕迹。

据此警方推断，艾伦很可能是在达拉斯被杀（艾伦失踪的当天达拉斯气温很高），随后一个身高较矮的人将艾伦的车子开到了俄克拉荷马州（俄克拉荷马州那几天的气温很低）。如果桑德拉是杀死艾伦的凶手，那她的不在场证明就一定有漏洞。

警方假设，桑德拉约见艾伦的地点很偏僻，而且时间又在晚上，她很可能先将艾伦杀死，然后将艾伦的尸体放置在约见地点的储藏室内，在能够证明自己当时不在场之后，桑德拉再返回储藏室将艾伦运往俄克拉荷马州。

但是，警方始终不能掌握足够的证据证明他们的假设，而桑德拉和她的律师也拒绝和警方合作，桑德拉声称自己是无辜者，并说她是恶毒流言以及无根据推测的受害者。桑德拉最终拿到了艾伦的保金，但是关于这名"三度寡妇"的流言也愈演愈烈，人们纷纷议论她，躲避她，没有任何人愿意与桑德拉发生任何纠葛。

在拿到保金后不久，桑德拉便收拾行李离开了达拉斯市。她可以离开这座发生凶案的城市，却如何也逃不掉关于"黑寡妇"的传言。1986年，俄克拉警方继续调查桑德拉与艾伦谋杀案之间的关联，但艾伦的母亲却不认为桑德拉会杀害自己的儿子，她不认为桑德拉有杀害艾伦的理由。但这种幻想都被一个从达拉斯打来的电话终结了，打电话的人是桑德拉的朋友，他讲述了桑德拉不为人知的另一面。

1967年，24岁的桑德拉嫁给了一名叫大卫的牙医，桑德拉告诉她的朋友，她选择大卫是因为大卫年轻而又前程似锦。几年后，桑德拉就住进一套漂亮的大房子，他们还生育了3个小孩，但是在这光鲜的背后所隐藏的是大卫背负了沉重债务，这些债务使得大卫开始变得沮丧、压抑，生活对于大卫来说是如此的困难，他不得不通过四处借钱来维持生活。

1976年2月22日清晨，警方接到桑德拉的报警电话，她发现她的丈夫自杀了。警方在桑德拉家中看到了大卫的尸体，大卫的手腕被割开，脑袋也中了一枪，警方在搜查了现场之后将大卫的死定义为自杀。大卫的死让桑德拉获得了 10 万美元的保金，她用这些钱还清了债务，重新开始自己的生活。

在大卫死后不久，桑德拉就四处托他的朋友给她介绍一些有钱的男人。不久之后，桑德拉竟然将目标锁定了她的好朋友迪莉娅·克罗斯利的丈夫，但迪莉娅的丈夫并没有被桑德拉打动，无奈之下桑德拉将目光转向了其他有钱的男人。

1978 年 6 月，桑德拉终于如愿以偿地嫁给了一位石油大亨的儿子——鲍比·布莱威尔，鲍比还有自己的事业，他是一名酒店产业开发商。婚后没多久，桑德拉就在海兰帕克街区买下了一栋漂亮的房子，就在这处高档社区中，桑德拉把自己打造成了"海兰帕克社交名流"。不久之后，鲍比就因患有淋巴瘤在一年之后去世。

在鲍比与病魔抗争的时候，桑德拉找到了约翰·巴格韦尔和他的妻子碧西，约翰是一名肿瘤专家，桑德拉请求他们帮助自己。约翰和碧西都是非常善良的人，他们一边安慰桑德拉，一边尽力帮助鲍比咨询有关肿瘤的问题，但在鲍比去世之后，桑德拉开始占用约翰一家的大部分时间。如果桑德拉需要某些东西，她就会打电话给碧西，如果是她的车子出了问题，那她就会打电话给约翰，但在约翰赶到的时候，桑德拉的车子又没问题了，这让约翰有些警惕，他提醒他的妻子要远离桑德拉。

1982 年 7 月 16 日，桑德拉再次打电话给碧西，说她的车子出了问题，希望碧西开车带她去租一辆车。但在后来桑德拉提供给警方的供词中显示，桑德拉在被碧西带到租车公司的时候，她又因没有带驾驶证而不能租车，碧西只好又将她带回了家。回家后桑德拉便与碧西分开，但她的车子突然好了，而碧西则再也没有回到自己的家。直到晚上 8 点，警方才在租车公司附近的停车场内找到了碧西的奔驰轿车和她的尸体。

碧西死于车内，她的尸体被抛在了驾驶座，她的手中握着一把 22 口径的手枪，她右侧的太阳穴中了枪。警方认定桑德拉就是碧西死前见到的最后一人，但桑德拉有不在场的证明，她说自己在和碧西分开之后便约了朋友吃饭看电影。

调查无果之后，警方只能将碧西的死定为自杀，但有很多细节都不能支持这一论断。碧西死前没有任何遗言，而她在离家前还曾给孩子们准备了晚餐，她告诉孩子们，她很快就会回来，这不符合一个准备自杀的人的特征。碧西生前没有任何抑郁倾向，她对生活有着美好的期盼，并且她很爱自己的孩子。

警方还根据车内血迹的分布推测出车内曾待了不止一人，而碧西死后尸体也有移动的痕迹，碧西很可能是他杀，而现场则很可能是凶手为了迷惑警方刻意伪装出的假象。

此外，警方认为桑德拉曾多次试图与约翰·巴格韦尔确立关系，她曾勾引过约翰，但约翰很爱自己的妻子，他不为所动。这很可能就是桑德拉杀掉碧西的原因，因为这样约翰就不需要为谁保持忠贞，他也就很容易被桑德拉骗到手，任由她摆布。警方的这些推论尽管很有逻辑，但没有足够的证据指控桑德拉就是杀害碧西的凶手。

在碧西死后的数月之内，桑德拉再次成为该地区最出名的女人，她登上了各大报刊的头版头条，人们认为一个人如果和桑德拉走得太近，那么他／她就会死。因为发生在桑德拉身边的死亡事件已经不仅仅局限在她的丈夫们身上了。

1986 年，桑德拉带着她的孩子再次搬往了加利福尼亚州的一个高档社区。在这里，她将重新开始自己的生活。不久，桑德拉再次成了公众舆论的焦点。在媒体的报道中，我们可以看到，曾有一名男子借给了桑德拉 7 万美元，但不久之后这张支票便作废了。与此同时，加州的一名律师控告桑德拉已经欠下了 2.4 万美元的债务。从这些信息中我们可以看到，桑德拉不知用了什么办法，总是可以从富裕男子手中借到大笔钱，但她从未偿还过任何一笔债务。

此后，桑德拉开始在美国各地游荡，她总是从一个猎区跳向另一个猎区，随着时间的流逝，不再拥有美貌的桑德拉开始向宗教靠拢。

2006年7月，63岁的桑德拉看起来已经和一名虔诚的基督徒没什么两样了。在北卡罗来纳州沿海的一个村庄中，桑德拉使用一个假名，摇身一变成为一名基督传教士，在这里，她盯上了77岁的苏·摩斯利。

苏是当地教堂理事会的成员之一，老伴的逝去让苏将大量的时间都放在了信仰上。2006年7月，苏与儿子通过教友的介绍认识了卡米尔（桑德拉），卡米尔称自己是正统的基督传教士，而苏的家庭是正统的基督教徒家庭，因此他们的相遇令彼此都非常高兴。卡米尔对苏说她不久就要去印度传教，而在这之前的准备阶段她需要一个住的地方。苏当时是独居，因为她与卡米尔聊得很愉快，所以她同意卡米尔与自己同住。随后，苏和卡米尔几乎每天都待在一起，这种状况一直到了2007年年初才被打破。

卡米尔告诉苏，她要为传教士团队买一套房子，在购置房子的过程中，卡米尔总是挑选那些价格高昂的房屋。最后，卡米尔看中了一栋建在水边的房屋，这套房子价值250万美元。卡米尔向房产经纪人提出她将用现金购买这套房子，这引起了经纪人的疑心。卡米尔声称自己从亡夫手中得到了一大笔信托基金，但她却一直不肯缴纳买房的保证金，而苏的儿子吉姆也害怕卡米尔是一个骗子，他决定调查一下卡米尔的信息。在调查之后，吉姆发现了一件令人恐惧的事情，卡米尔很可能就是桑德拉。

吉姆·摩斯利在2007年2月2日向FBI报了案，但当探员赶到苏居住的地方时，卡米尔已经离开了。探员马上展开调查，他们发现卡米尔曾多次非法使用苏·摩斯利的信用卡和她的活期存款户头，卡米尔还将苏的保险取消，兑换成了现金。此外，卡米尔还用一个新的银行账户代替了苏还房贷的账户，她不仅没有用这个账户帮苏还钱，反而将苏还房贷的钱偷偷转走了。

2007年3月3日，警方申请了搜查令，探员们很快发现了卡米尔并没有去印度传教，她悄悄住进了该地区另一个教友的家中。没多久，化名卡米尔的桑德拉便被FBI抓获。

　　警方以桑德拉盗窃 9 项身份信息以及欺诈起诉了她。2008 年 2 月 2 日，桑德拉因被指控欺诈接受法庭审问，面对身份盗窃的指控桑德拉俯首认罪，法庭判处桑德拉两年监禁、两年监管，并加处 25 万美元的罚金。但桑德拉并不承认自己与艾伦以及碧西的死有任何关系。法院也因证据不足而未能对其他 4 项指控展开审判。艾伦的母亲对法庭审判的结果表示满意，她认为只要能够看到桑德拉认错，这就让她很满足了，她相信如果"黑寡妇"再次触犯法律，那她一定不能逃脱法律的制裁。

第十章

世纪审判——辛普森杀妻案

　　1995 年 10 月 3 日是美国历史上陷入"停顿"的一天。该日上午 10 时，在辛普森判决即将宣布的时候，美国上到总统，下到普通民众都停下了手中的事情，一同关注"世纪审判"的结果。在美国官方的统计中，当日约有 1 亿 4000 万美国人收看或收听了这次审判的最后判决。在由黑人占多数的陪审团分析了 133 位人证所提供的的 1105 份证词之后，法庭宣判辛普森无罪。

1994 年，处于 20 世纪末的美国注定是不平静的。这一年美国发生了一起轰动全国的案件——辛普森杀妻案。前美式橄榄球运动员辛普森杀妻一案的整个审理过程波澜起伏，辛普森在证据"充分"的情况下，戏剧性地逃脱了警方"用刀杀死前妻及其男友"的两项一级谋杀罪指控，并无罪获释，仅仅被民事法庭判定为对两人的死亡负有民事责任。此案不仅是美国历史上"无罪推定"影响最大的案件，也是美国历史上最轰动、诉讼费最为高昂的案件。

1947 年 7 月 9 日，在美国旧金山市的一个黑人贫困家庭中诞生了一个小小的生命，他的父母并不曾想到这个孩子会在未来的某一天，因为"杀妻"罪行而被世界所瞩目。尤尼斯（辛普森的母亲，一位医院的管理员）和她的丈夫吉米·李·辛普森（辛普森的生父，是一名厨师并有一份银行托管的工作）请这个孩子的姨妈给他取了一个名字——O.J.Simpson（即辛普森）。年幼的辛普森被诊断出患有软骨病，所以他在 5 岁之前不得不在腿上带着矫形器（因此，成名后的辛普森在众多黑人心目中是一个非常励志的形象）。岁月流逝，辛普森又多了一个弟弟和两个妹妹，家庭成员的剧增使得家庭矛盾激化，辛普森的父母最终在 1952 年分居。

辛普森在十几岁的时候就加入了一个名叫波斯勇士的帮派，这也导致他经常被带去青年教导中心"做客"，幸运的是辛普森并没有一直沉沦。他在中学时光中，一直为伽利略高中的橄榄球队"伽利略狮子"效命。他开始频繁出现在校园橄榄球赛赛场上，并且经常担任进攻组的跑卫和防守组的后卫。由于辛普森在比赛中表现优异，他还被称为所有初级学校足球队中的最佳跑卫。

1967 年，辛普森正式开始橄榄球生涯，他在南加州大学中担当校园橄榄球队的跑卫并由此开始成为一代球星。在 1967 年，辛普森带球推进距离达到 1451 码，并有 11 次达阵，刷新了美国橄榄球史上的纪录。1968 年，辛普森再次以跑阵达 1709 码，22 次达阵的纪录赢得了海斯曼奖、麦斯威尔奖以及沃尔特阵营奖，并创造了海斯曼杯历史上最大的胜差纪录。在进入职业赛场之后，辛普森曾先后在纽约水牛城鹰嘴队、旧金山淘金者队担任主力，并创造出带球突进 2003 码的惊人纪录，被称为橄榄球职业比赛中"最佳跑锋"。这一年，获得诸多殊荣的辛普森急流勇退，以胜利者的身份退出体坛。

告别体育项目之后，辛普森又投身影视和广告行业，他曾饰演《裸枪》和《杀手势力》中的男主角，并在美国广播公司和国家广播公司担任体育评论员，为美国最大的出租车公司担任形象大使，又因为辛普森名字的英文缩写 OJ 和橙汁的英文缩写相同而拍摄过橙汁的促销广告，"果汁先生"也成为辛普森的昵称，并使 OJ 这个单词成为当时美国体育英雄和超级广告明星的代名词。成名之后的辛普森却和其他黑人明星不同，他不仅不热衷于对贫困黑人的扶持，反而还花费重金聘请语音校正专家来改掉自己的黑人口音，他还热衷于白人的高尔夫球运动，并对金发碧眼的白人女性很感兴趣。

1977 年，辛普森在一家高级餐厅邂逅了一名叫妮可·布朗的美丽白人少女，并迅速与她产生感情，不久之后便与自己的第一任黑人妻子离婚。1985 年，辛普森和金发碧眼的妮可结婚（妮可当时年仅 18 岁）。时光流逝，婚后的妮可因为怀疑辛普森在外与其他女性有不正当关系而多次与辛普森发生争执，两人之间的关系开始出现裂痕并不断加深。不久之后，妮可便多次打电话报警，指控辛普森对她实施家暴，但谁也没有想到，这件事情会演变为一场凶案。

1994 年 6 月 12 日夜，位于洛杉矶市的一个豪华小区内，一只疯狂吠叫的秋田犬引起了周边邻居们的注意。当他们前来查看的时候，却看到了两具血淋淋的尸体。警方在赶到后确认，死在门前的两人分别是妮可·布朗和罗纳德·高曼，两人均是被利器杀害，死者的死亡时间大约为晚上 10 点钟。警方迅速控制与被害人相关的人员，并获知，案发当天，妮可曾带着孩子到罗纳德所在的餐厅就餐，在离开后又拨打该餐厅的电话说自己在用餐的过程中遗忘了一副太阳镜，请餐厅的工作人员查找并送还给她。罗纳德在找到太阳镜之后，告知同事自己会在下班后前去送还太阳镜。

案发当晚，有 4 名警探前往死者前夫辛普森的住处，并在其门外停放的白色野马型号汽车上发现有明显的血迹，车道上也有血迹。在按铃无果之后，警探便潜入辛普森家中，在他家的后花园找到一只染有血迹的手套和其他证据。案件的主要证人是一名住在客房的朋友，他向警方供述称，曾经听到一声巨大的声响。

除此之外，一个接到辛普森电话预约的司机提供了另一条线索：当晚 10 点钟左右，他接到辛普森的电话，来到辛普森的住处，准备接辛普森前往机场，但按门铃却没有人回应，一直等到将近 11 点的时候，他隐约看到一个身材高大的黑人从街上跑进辛普森的住处，于是便再次前去按门铃，这一次辛普森回应了他，并声称他刚才睡着了，随后便乘坐该司机的车前往机场。

案发后，警方迅速通知辛普森，辛普森在芝加哥的酒店中接到警方通知之后，于当日早晨赶回。赶回洛杉矶的辛普森有着较为明显的受伤痕迹，在面对警察质问时，辛普森表示自己在接到前妻死讯的时候过于激动，不小心打破镜子而划伤了自己。这样的理由显然不能让警方信服，经过几天的调查之后，辛普森被警方以重大嫌疑人的身份拘捕。

6 月 17 日，辛普森的律师在准备陪同他前往警局的时候发现，本来待在楼上的辛普森竟然不知去向。没有按期自首的辛普森驾驶着一辆白色福特 SUV 行驶在公路上，警方马上展开抓捕行动。美国官方电视台为了转播该追捕过程，还中断了 1994 年 NBA 总决赛的直播，因此这次警方追车、逮捕、审判的过程就成了美国历史上最受关注的事件，这次审判也被称为

"世纪审判"。

在庭审之前，检方认为：辛普森杀妻是有预谋的，作案动机是他所产生的强烈嫉妒心和占有欲。检方提供证据，在辛普森和妮可离婚之后的一段时间内，辛普森对妮可和其他男人的约会都表现出了强烈的嫉妒，并且希望能够和妮可再续前缘，但均没有成功。案发当天，在女儿的舞蹈表演会上，妮可对辛普森十分冷淡，这种行为迫使辛普森产生杀机，罗纳德则是因为误闯案发现场而被辛普森偶然杀害。法医鉴定死者的死亡时间为晚上 10 时至 10 时 15 分之间，而辛普森称案发当晚 9 时 40 分至 10 时 50 分之间，自己在家独睡，并不能提供证人。在整个审讯中，辛普森在律师的建议下依法保持沉默，拒绝出庭作证。

法院认为，检方提供的证据是不合情理的，因为辛普森在案发当晚是要前往芝加哥的，并且他还提前预约了出租车来接自己，如果他是凶手，那他的这一举动就意味着自己将自己作案的后路阻断。因为他必须在 1 小时 10 分钟之内驱车赶往案发现场，并寻找作案时机，用利器连杀两人，然后逃离现场、藏匿凶器、血衣并清理残留血迹，随后赶往机场，而这就会使司机成为重要证人。不仅如此，警方认为这样一个作案流程是不可能被辛普森这样一个"业余杀手"所完成的，而且对于第一次作案的辛普森来说，凶器的最佳选择是枪支而不是利刃，因为利刃割喉这种杀人方式并不是随便一个人就能做到的，即便勉强做到，也会留下很多线索或者一些铁证。

同时，辛普森的辩护律师认为，妮可很可能是被贩毒团伙或者黑手党所杀害。因为，妮可曾经有过吸毒的历史，如果他们之间的交易出现差错，那么很容易招来对方的毒手，而利刃割喉这种杀人手法正是黑社会所常用的。并且罗纳德和妮可之间也存在着不为人知的关系，有人就曾看到罗纳德驾驶着妮可的那辆价值 15 万美元的跑车兜风。不但如此，在 1993 年至 1995 年之间，罗纳德所打工的那家意大利餐厅就曾发生了 4 名雇员被杀或失踪的案件。

对于美国法律来说，仅凭借间接证据是很难判定被告有罪的。如果想要使用间接证据来判定被告有罪，那就必须使所有的间接证据相互印证，以此构成一个严密的逻辑体系。此外间接证据的搜集和案情事实之间的关系应合乎情理、相互协调，如果有矛盾或者冲突出现，那么间接证据就不会被采用。

在辛普森一案中，检方所提供的证据全为间接证据，并且这些证据又不能组成一个严密的逻辑体系，所以辩方律师就可以依法严苛鉴别和审核这些"旁证"的正确性。

比如：检方所提供证据之一是血迹化验和 DNA 检验。在凶案现场的两个位置曾发现了辛普森的血迹，并且现场所提取到的毛发和辛普森的毛发相同。警方还在现场找到了另一只血手套，并且这两只手套上都有被害人和辛普森的血迹，警方在辛普森住宅前的小道上与二楼卧室中的袜子上以及白色野马车中都发现了辛普森和被害人的血迹，这些证据看起来几乎是"铁证如山"的，似乎辛普森也无法抵赖。

但是辛普森的辩护律师认为这些证据疑点甚多。比如：袜子两边的血迹是相同的，要知道如果辛普森在作案的过程中穿的是这双袜子，那么血迹是不可能从左边直接浸透到右边的，只有血迹直接通过左边浸透到右边的时候，两边的血迹才会一模一样，也就是说，袜子上的血迹很可能是被人故意涂抹上的。并且在检方所出示的现场照片中，于 4 时 13 分所拍摄的照片中并没有血袜子，但是在 4 时 35 分所拍摄的照片中却出现了血袜子，那么到底是警方移动了血袜子还是它就在地毯上呢？对此疑问，警方的回答也是自相矛盾，并且辩方专家在袜子上的血迹中发现了浓度很高的防腐剂，因此辩方律师认为案发之后，警方在抽取辛普森血样后添加了防腐剂，并伪造了假证。

此外，根据案发现场的勘察情况来看，身体强壮的罗纳德曾经与凶手展开了一场激烈的搏斗，他的随身物品分散在四周各处，说明他与凶手搏斗范围很大，罗纳德牛仔裤上的血迹是呈现向下流的形状，说明他不是迅速死亡，再加上他被刺中 30 余刀，失血过多，因此凶手身上也应该沾满血迹，但是在野马车上只发现了少量血迹，更让人感到疑惑的是，为什么凶手会在下车之后，在围墙前和门前车道上留下很多明显的血迹？而其他的地方则完全没有？即便假设辛普森穿着血衣沿着车道进入住宅，又穿着血袜子进入二楼卧室，那为什么没有在灯开关和铺满卧室地面的白地毯上留下血迹？

在警方提供的证据中，还有 5 滴大小均匀的被告人血迹，这些外形完整的血迹在通往被害人公寓后院的小道上发现。但是辩方律师认为，如果辛普森在搏斗中受伤，那么他洒落的血迹应该呈撞击状态落地，因此血滴的外形不应该保持完整，并且人在受伤之后应该先大量流血，然后血量就会减少，所以血滴不应该是 5 滴相同、大小均匀的状况。此外辩方律师依然在这些血迹中发现了浓度很高的防腐剂。

该案的另一有力证据就是在辛普森家中和案发现场分别发现的一双手套。根据警方的证词，警官福尔曼在发现该手套的时候，手套外部的血迹还是湿的。辩方认为凶案发生的时间是 6 月 12 日深夜 10 点 15 分，而福尔曼发现手套的时间是 6 月 13 日早晨 6 点 10 分，这其中有整整 8 个小时的时间差，血迹是不可能在 8 个小时后保持湿润的。辩方多次以实验的形式向法官以及陪审团展示。辩方认为这双手套的证据很可能是警官福尔曼千方百计伪造出来的。

最后，警方为了证实辛普森是凶手，当庭要求辛普森试戴这副带有血迹的手套。在法庭上，辛普森戴上了预防污损的超薄型手套，然后试戴血手套，但在众目睽睽之下，辛普森始终不能戴上手套。辩方立刻指出，这副手套太小，根本不可能属于辛普森。

事实上该案的真正转折发生在负责该案的警官福尔曼身上。福尔曼警官在案发当晚并不当值，但是他却深夜出现在现场，并自告奋勇带队搜索辛普森的住宅，这不禁让陪审团怀疑福尔曼的初衷。除此之外，辩方律师还接到举报称，福尔曼是一位严重的种族歧视者，这严重摧毁了福尔曼证词的可信性。除此之外，检方所提供的其他证据也多有漏洞，甚至不能自圆其说，这导致陪审团的态度向辛普森倾斜。

1995 年 10 月 3 日是美国历史上陷入"停顿"的一天。该日上午 10 时，在辛普森判决即将宣布的时候，美国上到总统，下到普通民众都停下了手中的事情，一同关注"世纪审判"的结果。在美国官方的统计中，当日约有 1 亿 4000 万美国人收看或收听了这次审判的最后判决。在由黑人占多数的陪审团分析了 133 位人证所提供的的 1105 份证词之后，法庭宣判辛普森无罪。

刑事审判结束 4 个月之后，罗纳德的父亲以非正常死亡为由起诉辛普森，而妮可的父亲布朗则代表妮可与辛普森展开了"遗产大战"，该案件尽管没有在电视上播出，但同样引起了社会的关注，最终被害人的家庭获得了 3350 万美元的补偿性、惩罚性损害赔偿金。至此，辛普森杀妻一案尘埃落定。

谁都不会想到，13 年后，辛普森因入室抢劫而被指控，再次受到法庭审判。2007 年 9 月 13 日，辛普森带领 6 人闯入一名体育纪念品商人的房间，一共抢夺 700 余件体育纪念品。3 日后，辛普森被捕，他声称这些被抢来的纪念品都是 1994 年他的妻子被杀后失窃的。2008 年 10 月 3 日，位于美国拉斯维加斯的克拉克县法院对辛普森抢劫一案作出判决：辛普森因绑架、武装抢劫等罪名而被判处终身监禁。让人感到巧合的是，13 年前的同一天辛普森则被判为无罪。

2017 年 10 月 1 日，已在雷诺东北部的监狱关押近 9 年的辛普森，获假释出狱，他的监管假释期为 5 年。

第十一章

被侮辱与被损害的——芝加哥连环奸杀案

更令人觉得讽刺的是，像保罗这样毫无人性的恶魔，竟然会害怕自己杀害女童的事情激怒其他狱友，而被别人打死在狱中。保罗恳求警方帮他安排一个安全的监狱，作为交换，保罗会提供他杀害的其他被害人的姓名。

1995 年 6 月 24 日，芝加哥郊区汉诺威公园内的一名住户拨打了 911 报警电话。没多久，一名警探就驾车赶到了汉诺威公园。报警的男子正焦急地在家中来回走动，他的两名外甥女（20 岁的迪泽妮塔·帕萨比格维克和 22 岁的阿米拉·帕萨比格维克）已经失联了将近 12 天。在这些天内，没有人能够得到任何与她们有关的消息。

迪泽妮塔和阿米拉出生在波斯尼亚，她们并不是美国公民，女孩的父母为了让家族中仅存的两个孩子避开战火，决定将这对姐妹送到定居在美国的叔叔家。迪泽妮塔和阿米拉在 6 个月之前飞往美国，这对两名女孩来说本该是一件好事。

两名女孩都不是娇生惯养的孩子，她们在到达美国后没多久就在芝加哥当地的一家工厂找到了工作。一开始，姐妹俩就住在自己的叔叔家，可叔叔略显古板的性格不被两名女孩所喜欢，于是在她们在挣到第一笔钱之后就去外面租了属于自己的房子。

在美国这样一个崇尚自由的国度，两名女孩第一次感受到了自由的魅力。两名女孩和美国的大多数外来人口一样，都在内心中规划了一个美丽的"美国梦"，她们迫切地想要通过自己的努力来创造属于自己的生活。

可没过多长时间，两名女孩就因为一些原因被工厂解雇了，她们不得不重新找工作。女孩们研究了报刊上刊登的招聘信息，她们决定去一家待遇不错的购物中心面试。第二天，两名女孩被朋友接走，此后，就再也没有人见过这两个年轻漂亮的异国女孩。

当地警方将这起失踪案件按照常规的办案程序来办理，他们首先需要调查与这两名女孩亲近的人，这些人包括女孩的叔叔、朋友、同事以及和她们有过约会的人。在调查这些的同时，警方还去了两名女孩租住的公寓收集线索，但他们并没有找到有效的线索，甚至没有发现任何异常的地方，唯一让警方觉得奇怪的地方是，她们养的一只猫也不见了，因此警方认为这两个女孩很可能是悄悄地去其他地方过周末了。

但随着时间的推移，警方的这个猜测明显是不对的，这种无声无息玩消失的做法并不是女孩们的风格。女孩的父母几乎每周都会和她们联系，父母用这样的方法来确定女孩们是否安全，但现在他们已经有超过一周的时间联系不上自己的孩子了。

此外，让警方感到担心的是数月前他们曾在附近的郊区内发现了一位年轻女士的尸体残肢。警方还在距离汉诺威公园 1.6 千米的一座公寓中找到了被害人的车。很明显，这名被害人是被一个凶残而又邪恶的人杀害了，这种杀人碎尸的手段证明凶手杀人只是为了让自己开心。这让警方怀疑那两名女孩是否也遭遇了不测。当地警方决定将关于两名女孩的失踪案上报给 FBI。

特别探员布莱恩·比恩负责此案。布莱恩调查那起碎尸案已经有几个月的时间了，大范围的搜查行动对于像这种拥有几百万人口的大都市来说是不能实现的，而被遗弃在汉诺威公园附近的被害人车辆，说明了凶手很可能就潜伏在汉诺威公园附近。所以布莱恩认为迪泽妮塔和阿米拉的失踪可能与自己正在追踪的凶手有关。

FBI 特别探员吉米·格雷茨加入调查组，帮助布莱恩调查失踪的姐妹。特工们的首要调查对象是女孩们的两名同事，这两名同事一个是她们的好朋友，一个是其中一名女孩的男朋友，这两个男孩都同意接受测谎。测谎结果和两人不在场的证明都成立，这两名男孩只是和两名女孩比较亲近，他们不是凶手。

特工们的第一次努力失败了，但他们并没有放弃。很快，他们就从调查中获得了另一条有价值的线索。特工们发现，这两女孩在面试的时候曾碰到过一名原来的同事——妮可，妮可和她们攀谈，并告诉她们，她的一位朋友的丈夫开了一家清洁公司，这家公司正在招人。妮可极力推荐两名女孩去那里试试，随后她还与两名女孩相互交换了电话号码。

特工们推测，在第二天早上，妮可的朋友开车来到女孩们的公寓，她以招清洁人员为由将女孩们带往格伦代尔海茨区域内的一栋房子（这片区域很大）。现在特工们面临的问题是如何确定这个接走女孩的人的身份。

特工们探访了该公寓附近的很多住户，他们希望有人能够看到那个女人接走两名女孩的画面，但这次探访没有得到有用的信息。幸运的是，特工们找到了妮可，他们通过妮可得知那家清洁公司是一个夫妻店，经营者是保罗·朗格和沙琳·朗格。

特工们马上找到了保罗夫妻询问这件事情，但保罗夫妻矢口否认。保罗称他的妻子曾在房屋清洁公司工作过，而自己根本没有经营过保洁公司，并且他也没有见过迪泽妮塔和阿米拉。特工们并不相信保罗的说法，保罗所讲的一切不能说服警方，但警方也没有理由将保罗羁押。特工们决定监视保罗，他们需要有力的证据。在监视保罗的同时，警方需要继续撒网寻找其他嫌犯。

FBI 和芝加哥警方用了一年的时间调查有关迪泽妮塔和阿米拉的失踪案，但他们没有取得明显的突破，就在他们继续努力调查的时候，在距离芝加哥市区 32 千米的图伊大道发生了一起火灾，芝加哥消防大队奉命赶去救援。消防员从周围邻居的口中得知失火房子的主人是 30 岁的多瑞塔·杜巴克，人们没有看到她从房子中逃出来。消防员马上冲进屋子内实施救援，但他们只找到了多瑞塔的尸体。

消防员最初以为多瑞塔是被浓烟熏死的，这场火灾看起来就像一个意外，但法医的鉴定结果却显示多瑞塔死于谋杀。尸检报告显示多瑞塔是被人活生生扼死的，而且她还曾被人强奸，她身上的衣服是在死亡后被凶手重新穿上的。凶手这样做就是为了让人们误认为这是一起意外，而不会让警方将多瑞塔的死与性侵和谋杀联系在一起。凶手在强暴并杀死多瑞塔之后在她的身上倾倒了促燃剂，然后他点火烧了整栋房子，但这场火被及时赶到的消防员扑灭，警方也因此掌握了部分线索。

在得知这起纵火案之前，芝加哥警方就曾接到一个报警电话，打电话的人是多瑞塔的好朋友，但就在探员们赶往多瑞塔家的时候，消防队正在扑灭大火了。案件发生后，芝加哥警方联系了那位打电话报警的女士。

从这位女士口中，警方得知多瑞塔曾想要卖掉属于她的这栋房子。而在案发当天曾有人前来看房，在这个人来看房的时候，多瑞塔正和她的好友通电话（打电话报警的那位女士）。多瑞塔看到这个敲门的人之后觉得有些不舒服，她用当地的方言对她的朋友说："这个看房的人让我有些不舒服，他本该和他妻子一起来的，但他自己来了，我感觉有些不妙。"多瑞塔的朋友问她是否要帮她报警，多瑞塔想了想决定让她朋友在 5 分钟之后给她打电话，如果她没接就报警。5 分钟后，她的朋友给多瑞塔打电话，但她的电话并没有接通。多瑞塔的朋友马上拨打了 911 报警，但等警方赶到的时候，消防员正在扑灭大火。

这起案子看起来和公园碎尸案以及两姐妹失踪案并没有什么关联，杀手的杀人方法和作案过程也完全不同，芝加哥警方认为这可能是一起突发性谋杀案，他们并没有往连环杀手的方向想，他们需要尽快破案（当地发生的刑事案件，须由当地警方处理，如果当地警方不邀请 FBI 参与，那FBI 是不能参与调查当地发生的刑事案件的）。

芝加哥警方询问了多瑞塔的朋友和邻居，但他们都不知道当天前来看房男子的相貌和住址。警方也不能在犯罪现场找到任何有效的物证，大火几乎摧毁了一切。就在芝加哥警方努力搜寻线索的时候，FBI 的特工决定将调查的重点继续放在保罗身上，他们总有一种感觉，凶手一定就是保罗·朗格。

　　FBI 动用资源调查了保罗的过去，这让他们更加坚信内心中的想法。保罗·朗格曾在 17 岁的时候野蛮地强暴并殴打了一名 14 岁的女孩。在这场噩梦中，保罗用铁链将被害人绑在桌子、椅子或者室内的任何地方施虐，他将被害人的头用布蒙上，然后拖着赤裸身体的被害人在屋子中来回走动，他还用铁器和拳头击打女孩的头脸，而他在做这些事情的时候，他的父母都在家。女孩在保罗睡着的时候逃了出去，他的罪行才被警方得知，法院判定保罗有罪，他们判保罗在监狱中待 14 年。

　　保罗在入狱 7 年后被人保释，而他被保释之后不久，就发生了公园碎尸案，几个月后帕萨比格维克姐妹失踪。这些信息无不显示保罗就是那个嫌疑最大的人。

　　特工们高度重视这一情况，他们组织了大量监视人员全天 24 小时监视保罗的行踪。特工们虽然没有足够的证据向上级申请搜查令，但他们有权搜查保罗的车辆，他们在保罗车子的后备厢中发现了一摊血迹，但这些已经干涸的血迹不足以进行 DNA 采集。

　　特工们将监视保罗作为工作重心，他们需要总结出保罗的行为习惯以及保罗都和哪些人接触。他们还监听了保罗的几个电话，他们希望保罗会在和某人通话的时候提到他所做过的事情。

　　特工们的监视持续了好几个月，但他们不知道的是，保罗早就发现自己被监视了。保罗是故意假装自己没有察觉，但渐渐地保罗有些不屑和特工们"竞技"，每当他看到特工们监视时所使用的车辆时，都会对着车辆，将自己的右手食指放在眉前，做一个看似像是敬礼实则鄙视的动作，他用这个动作向特工们发出挑衅。

　　慢慢地，保罗不再满足于这种挑衅，他决定玩一次大的。有一次，特工们发现保罗偷偷将一个行李箱放在了车里，然后他在市区内绕了几圈，假装自己将特工们甩掉之后径直冲向机场。在机场，保罗弃车，然后拖起行李箱快速向登机口跑去，FBI 的监视人员以为保罗想要潜逃，他们迅速冲了上来将保罗按住，他们认为保罗的箱子内一定藏着不可告人的秘密，但当他们打开箱子的时候，保罗突然放肆地大笑了起来，原来箱子内装的全是一些洋娃娃，监视人员不得不将保罗放走。保罗临走前还得意地说道："你们今天什么证据都不会得到，祝你们愉快。"保罗觉得他是在和"傻子"玩耍，他认为自己要比特工们聪明得多。

FBI 决定换一种方法，他们安排一名女特工假扮成一名购买鞋子的女士去保罗的鞋店内买鞋。保罗果然十分热情，他亲自拿来鞋子给女特工换上，他和这名"顾客"聊得很投机，但就在保罗问这名"顾客"住在哪里时，女特工回答的"汉诺威公园"引起了保罗的警惕。保罗突然"冷"了下来，他对这名"顾客"说："替我向你在外面等着的同伴问好！"保罗的机警让特工们毫无办法，他们几乎不能从保罗身上得到任何有效的证据。

1997 年 2 月 3 日，在芝加哥北拉勒米大道上发生了一起火灾，而消防员在扑灭大火之后在这栋房子内发现了 35 岁的职业女性尤兰达·古提蕾丝和她 10 岁的女儿杰西卡·穆尼兹的尸体。法医认定致使她们死亡的原因并不是火灾。

警方在对现场复原之后发现，尤兰达和杰西卡是被人暴力制服的，她们被反绑在床上，凶手在对她们实施强暴之后用利刃将她们的喉咙切开。杀死两人之后，凶手在她们身上倾倒了助燃剂，然后放火烧尸、毁灭证据。凶手简直是一个灭绝人性的恶魔，他就连杰西卡这样一个刚上五年级的小女孩都不放过。

凶手的行为让警方愤怒，他们拼命收集证据，一门心思要将这个恶魔绳之以法。芝加哥警方认为这起纵火案可能和上一起纵火案没有关联，因为很多凶手都会用纵火的方法来掩盖罪行，而且这起案件中凶手使用的杀人方法和上一起并不相同，因此他们并没有将两起案件放在一起调查。

警方意外地从杰西卡身上获取到了凶手的精液，他们从这些精液中分离出了凶手的 DNA，并将这组 DNA 拿去与任何和杰西卡母女接触过的男子作比较，但他们都是清白的。

芝加哥警方和 FBI 的调查都陷入了停滞，芝加哥警方是有证据，但没有线索，而 FBI 是有线索，却没有任何证据。

FBI 决定搜查保罗夫妇倾倒的垃圾，而这个选择给他们的侦破成功带来了重大突破。在经过将近 1 年毫无效果的监视之后，FBI 从保罗丢弃的垃圾中找到了一张笔记本纸。这张纸上有一个电话号码、走失姐妹的名字以及部分住址，而这个电话正是这对姐妹的电话。现在 FBI 终于能够证明保罗夫妇曾对自己撒谎，这张纸条证明了他们不但认识两姐妹，而且还提供了房屋清洁的服务。

特工们马上向上级递交了申请搜查和逮捕的文件，但是他们掌握的证据是间接证据，这样的证据不足以申请到逮捕令，他们仅仅获得了搜查保罗房子的搜查令。在保罗家的地下室内，特工发现了数量众多的武器。这些武器不但包括弩和高压电枪，还有很多锋利的格斗刀和兰博刀。这些刀具都是非常适用于肢解尸体的，FBI 将这些武器全部没收了，他们要将这些武器送去实验室做实验，他们想要从武器上得到能够将保罗关起来的证据。

实验结果再一次让特工们失望了，实验室没有从武器上得到任何有用的线索。无法逮捕保罗成了特工们的心病，他们开始尝试任何一种能够获取证据的方法。他们访问保罗的前狱友，保罗原来的高中校友，甚至保罗的妻子。

就在 FBI 不断努力的时候，芝加哥再一次发生了纵火案。1997 年 3 月，在芝加哥肯尼斯大道上，又有一栋房屋失火，而这栋房屋内同样有一名女性的尸体。死者是卡济梅拉·帕路亚，卡济梅拉也是一名想要出售房屋的单身女性，凶手的作案手法与第一起相似，他在强暴被害人之后将其杀死，随后在尸体上倾倒助燃剂烧尸毁证。

卡济梅拉的尸体在浴室中被发现，她尸体的头部有严重的钝伤。警方通过还原现场推断，卡济梅拉死前曾进行了猛烈的反抗，她曾拿起一把铁器反击，试图救自己，但她也是被凶手用这把铁器杀死的。

芝加哥警方终于从这三次火灾中看出了它们之间的联系，他们也成立了特别小组专门负责侦破这几起凶杀案，但芝加哥警方和 FBI 都没有发现他们其实都在调查同一个人，同一个残忍而丧失人性的变态。

1997 年 5 月，芝加哥警方正在担心自己的辖区内很可能出现了一名连环杀手，而 FBI 则在尽全力想要抓捕保罗·朗格。FBI 的特工在几番搜查无果后，决定使用最后一个办法。特工们利用在 1996 年从保罗地下室中搜查到的武器来向法官证明保罗违反了假释出狱的条例。FBI 在联系了保罗的假释官之后，他们向监狱鉴定委员会呈上了他们所掌握的证据，他们着重强调了这些武器的作用和危害。特工们成功了，上级批准将保罗再次逮捕入狱。

保罗终于被警方暂时羁押起来，特工们决定在这个节骨眼上策反保罗的妻子沙琳。特工们可以确定，沙琳一定参与了保罗的行动（有关两姐妹的案件）。当沙琳得知警方已经找到那张带有她指纹的纸条时，她的心理防线崩溃了，沙琳在和她的律师商议之后，决定向特工们坦白，但她要求得到豁免权。

从沙琳口中讲出的真相让 FBI 难以相信。沙琳承认她联系了帕萨比格维克姐妹，并以招聘清洁工为由驱车将她们带回家。到家之后，沙琳让两名女孩自己进屋，但她并没有进去。几分钟后，两姐妹中的一人一边尖叫一边从室内冲了出来，保罗从身后赶上，他扯住这名女孩的头发将她拖进屋子。在拖动时保罗还将女孩的头撞向房门前的石阶，一直到女孩被撞晕之后，他才将女孩抱进室内。

沙琳告诉特工，她在看到这一幕之后就离开了，一直到晚上她才回家，那时候她只在家中的地下室内发现了一些装得很满的黑色垃圾袋，她怀疑保罗可能肢解了尸体，并将它们装在垃圾袋中，保罗会将这些尸块丢进废料箱内处理掉。

就在特工们准备对付保罗的时候，芝加哥警方也发现了一条惊人线索。芝加哥警方决定动用 DNA 检测技术，他们通过实验室重新检测了所有证据样本。在将这些整理过的样本与 FBI 数据库内的资料对比之后，警方找到了符合对象——保罗·朗格。这是警方所掌握的第一个可靠的实体证据，来自杰西卡体内的精液成了钉死保罗的最后一支利箭。

芝加哥警方和 FBI 马上制订了一个计划，保罗现在还不知道他的妻子已经被特工们策反，而且警方已经掌握了决定性的证据。他们决定投其所好，他们会让保罗在审讯的过程中"胜"过自己，然后再拿出证据击溃保罗的心理防线。在保罗的心理防线被警方击溃之后，他们从保罗的口中得知了他那令人毛骨悚然的作案过程。

更令人觉得讽刺的是，像保罗这样毫无人性的恶魔，竟然会害怕自己杀害女童的事情激怒其他狱友，而被别人打死在狱中。保罗恳求警方帮他安排一个安全的监狱，作为交换，保罗会提供他杀害的其他被害人的姓名。

保罗最终承认自己杀死了 8 名妇女，上述的所有案件都是保罗所为。他为了躲避警方的追捕，在杀害 3 人之后改变了作案手法继续作案。在供认罪行之后，保罗随意诉说着他杀人的细节，他冷漠得像一台机器。

保罗在陈述自己的作案过程的时候没有流露出任何感情。保罗甚至坦然讲述，他在肢解帕萨比格维克姐妹时因为太热而赤裸身体"工作"。锯子就是他的作案工具，他一般不会破坏被害人的头，但他会像锯树木一样锯掉被害人的四肢并将她们的胸腔破开分解。

在保罗叙述自己杀害杰西卡和她母亲的供词中，我们会发现他从没有提到过有关母亲或女儿的哭泣、尖叫或者惨呼，他就像是一台完全不带情绪的复读机。

2006 年，保罗·朗格被法院定罪，警方的指控成立，他被判死刑。5 年后，伊利诺伊州废除死刑，保罗被改判为终身监禁并不得保释，这个恶魔将在狱中为他所犯下的罪孽赎罪。

第十二章

心理扭曲的凶手——神秘消失的男孩

　　FBI 通过胡安的表现推测出，胡安是想要将事情的真相告诉警方的，但他所做的事情过于变态，这让他羞于启齿。在经过 50 个小时的盘问之后，胡安提出了一个特殊的要求："能给我一些牛奶吗？"调查员知道他想要喝牛奶是因为胃灼热，胡安在喝了牛奶之后终于说出了真相。

1995 年 9 月 11 日下午 3 时左右，一辆校车停靠在了迈阿密雷德兰兹农村社区附近，9 岁大的吉米·里斯一边同车长道别，一边走下了车。车长很喜欢这个乖巧听话的男孩子，她看着吉米独自走向十字路口，她知道那里距离吉米的家只有两分钟的路程。作为一个农业社区，雷德兰兹是非常适合孩子们成长的，它不仅没有大城市复杂，还有着许多有趣好玩的事情，吉米就非常喜欢这个地方。

每周一吉米都会在上完一节钢琴课后步行回家，这是惯例，通常情况下吉米的妈妈会在家里等他。可今天有些不同，吉米的父母有一桩很重要的生意要谈，他们不得不离开家，在离家之前吉米的妈妈雇用他们的邻居、一位年近 18 岁的小伙子在家照顾吉米，并许诺会付给他报酬。

当日下午 4 时，当唐走进旅社房间的时候，发现他的妻子克劳丁·里斯很紧张，她正慌乱地打点行李。在看到唐的一瞬间，克劳丁焦急地对唐说："吉米没有回家，我刚打电话回家，吉米至今没有回家！我们回去吧，我们订头等舱回去吧！"话音未落，克劳丁的眼泪就流了出来。

唐看到妻子的样子就知道发生了非常不好的事情，要知道吉米是一个非常听话的孩子，他和其他孩子不同，从来不会擅自去某个地方，每次出门时吉米都会向父母说明自己将要去的地方。唐首先给家里打了电话，他让他的大儿子泰迪先去附近、车站等地方找一找，去问一问邻居和几个与吉米要好的朋友有没有看到过吉米。唐又打电话给吉米的学校，确认了吉米曾搭乘校车回家，在得知泰迪没有找到吉米的情况下，唐迅速退了酒店，驾车带着克劳丁向家赶去。

在返回的路上，唐首先向梅朝达德警方报案，当地警方在收到报案之后随即通知了人口失踪部门展开调查。克劳丁一直在祈祷，他们知道不妙

的事情很可能已经发生了，但他们希望歹徒只是求财，不要伤害吉米。焦
急的情绪迫使唐不断加快车速，即使他的这种行为已经触犯了交通法规，
但对于父母来说孩子的失踪是他们生命中最让人感到绝望的事情，他们要
不顾一切找到吉米。

当唐和克劳丁赶到现场时，梅朝达德警方正在了解情况，他们出动了
直升机搜寻，整个小镇的人都得知了这件事情，他们围着唐的家关注着这
件事情的进展，不停闪烁的警灯和"嗡嗡"直响的直升机构成了一幅噩梦
般的画面，这幅画面深深牵动着里斯夫妇的心。

失踪人口部的胡安·穆里亚斯警探负责此次案件的调查，他决定先从
手中所掌握的线索开始。他们首先询问了当天照顾吉米的保姆弗瑞德，得
知了吉米的穿着和他所使用的书包的颜色。这名男保姆向警方讲述，吉米
今天早晨起床较晚，他错过了校车，弗瑞德就让他的女朋友送吉米去学校。
在乘车的时候，吉米还曾因为不认识弗瑞德的女朋友而拒绝乘坐他女朋友
的车，一直到弗瑞德解释之后，吉米才勉强同意乘坐。

警方通过这个信息推测出吉米的防范意识很强，这就意味着他被诱拐
的可能性很小，被绑架的可能性很大。尽管警方尚且不知道凶徒的作案动
机，但绑架也就意味着小吉米目前是安全的，这无疑是一个很好的消息。

当地警方急需得到更多帮助，他们第一时间联系了 FBI，FBI 最权威的
人口走失专家和最丰富的信息资源将为他们提供帮助。特别探员查德·伦
恩非常关注此案，他认为对于一个走失的孩子来说，如何在 24 至 28 小时
之内确定他的位置是最重要的。这是经验使然，在 FBI 所经手的众多人口
走失案中，能够在这个时间段被确定位置的人，基本上都活了下来。所以，
如果可以在这个时间段内确定孩子的位置，那就相当于把握了孩子活下来
的最好机会。

查德需要掌握一切和吉米有关的事情，他们通过搜查他的房间，询问他的
亲人来展开被害人研究。这个喜爱运动、读书、音乐的 9 岁小男孩无疑是一个

最听话乖巧的孩子，任何人看着他就像看到自己的亲生孩子一样，可他已经失踪整整 48 个小时了，警方依然没有取得任何有价值的线索，这让人很沮丧。

警方顺着仅有的几条线索展开调查，他们首先要完成的是基础调查，即调查吉米的家庭和亲人，他的父母、兄弟都必须用不在场的证明来证实自己的清白。

特别探员韦恩·拉塞尔负责这方面的调查，他首先确认了唐·里斯和克劳丁·里斯的清白。唐和克劳丁是再婚，他们之前都有过一段婚姻并有着自己的孩子，再婚后就连他们自己都没有想到还能再次生育一个小孩，巨大的惊喜使他们十分喜爱这个孩子，这个孩子给了他们极大的快乐。探员们再次得知了吉米并不是因为家庭原因而出走的，他的生活很幸福，与家人相处得很愉快。

在和唐的谈话中，警方得知唐和克劳丁都是律师，这让他们非常警惕，是不是里斯夫妇因为工作得罪了某些人？会不会是有些糟糕官司的当事人或愤怒的客户试图报复他们？或者有些人垂涎他们的财富，想要通过绑架吉米的方式勒索他们？这成为警方调查的重点之一，FBI 开始监听唐一家人的所有电话。

同时，警方开始监视最后一个看到吉米的人——弗瑞德，但他不在场的证明也成立（弗瑞德因为需要购买生活用品，回家的时间较晚），吉米的哥哥泰迪不在场的证明也成立。

至此，调查员决定放宽调查范围，他们开始询问校车司机，但司机并没看到任何异常情况。调查员开始搜查吉米可能前往的几个街区，盘查吉米家周围的邻居，在这里他们发现了一条新线索。吉米家的一个邻居承认他跟 9 岁的吉米关系并不好，他不喜欢他，因为吉米曾经丢石头打碎过他家的玻璃窗。当警方继续询问的时候，他突然警惕起来，他开始拒绝回答警方提出的任何问题，而且他还不愿意告诉警方吉米失踪的时候他在哪里，并且拒绝测谎，这使得警方非常怀疑他，FBI 决定监视他。

在这个时间段，政府组织志愿者搜查了社区附近的区域，警方出动巡逻车和直升机大范围管制公路和搜查偏远地区，志愿者还自发地在各个路口发放印有吉米信息和笑脸的传单，但是这些措施都没有得到结果，每天都是这样，这让人感到绝望。

警方最初认为吉米很可能是被绑架了，有人想用吉米来换取财富，但他们的想法看来并不正确，勒索电话至今没有出现，随着时间的推移，警方不得不做最坏的打算，吉米很可能是被性变态诱拐了。在当时，美国存在着数量超乎想象的儿童诱拐案，而这些案件的动机是性。性变态者为了满足自己内心变态的欲望而伤害孩子们。

FBI 调出了性犯罪者档案，他们需要知道是否有性犯罪者住在吉米家附近。在以吉米家为中心向周边辐射 16 千米的区域内，探员们发现这片区域内共有 27 名有犯罪记录的性犯罪者，他们开始对这些人进行排查，他们要仔细询问该区域内的每一个性犯罪者。

一周的时间过去了，唐决定在附近的公园举行一个烛光祈祷晚会，他认为仅仅在当地搜寻吉米是不够的，便利用这个机会登上了电视，他要让美国各地都知道吉米的事情，让寻找吉米的行动在全国展开。

唐的行动遇到了阻碍，他们在联邦政府大楼上张贴失踪儿童照片的行为是不被美国宪法所允许的。这让唐非常愤怒，他决定游说佛罗里达州州长和总统比尔·克林顿修改法律。他们还发动志愿者联名向美国总统提交了请愿书，请求美国政府通过准许在所有联邦政府大楼张贴失踪儿童照片的法案。

唐通过媒体向外界公布，如果有人能够让吉米在他 10 岁生日前（9 月 26 号）回家，那他们就会向对方提供 10 万美元的奖金，唐决定卖掉一切来换取吉米的平安。

唐的悬赏公布不久，警方就收到了各种各样的线索，有些人会以很"合理"的理由跟警方通话，他们声称自己在某个地方看到了吉米，或者在某个角落找到了吉米的书包，但这些线索并不真实，也不能给警方任何帮助。

尽管大家十分努力，可在吉米 10 岁生日的那天，人们依然没有找到吉米。这一天，克劳丁为吉米举办了生日派对，并在举行派对的时候邀请了媒体，吉米的亲人都为他准备了礼物，他们把礼物打开并为吉米祈福。

10 月 4 日，在调查进入第三周的时候，警方收到线报，有人在一辆漆着彩色底漆的卡马洛车里看到了吉米，开车的司机是一名白人男子。FBI 迅速出动，他们在最短的时间内追到了这辆卡马洛车，但让人感到可惜的是，这个孩子并不是吉米，他只是体型和吉米有些相似。

这几周以来，警方一直监控着那位并不喜欢吉米的邻居，在几番交涉之后，这名奇怪的邻居终于证明了自己，他有不在场的证明。这也意味着警方手中的又一条线索断了，寻找吉米的机会越来越渺茫。无论吉米是活着还是已经死去，警方都不会放弃调查，直到找到吉米为止。

探员们继续在吉米走失的区域内调查已知的性犯罪者。在这时，一名送面包的货车司机闯入了警方的视线。这名男子在距离吉米家 800 米的地方接触过吉米的一位好友，在接触过程中，这名男子对吉米的好友露体，而他也因猥亵和露体罪被警方逮捕。探员们推测，如果这名男子经常在这个区域活动，那么他很可能与吉米的失踪有关。

FBI 开始监视这名司机，11 月 1 日，吉米失踪后第 51 天，调查人员再次获得一条重要线索，一位佛罗里达州克里尔沃特区的警官称自己在一个餐厅外看到了吉米，他当时看到一名貌似吉米的男孩和两个男人一个女人在一起，看他们的样子，男孩很明显被大人们威胁着，他极不情愿地坐进了一辆带有宗教符号的小货车。如果这名男孩就是吉米的话，那真是一个好消息。联邦调查局的探员联合当地州警迅速赶到现场，他们马上就找到了这辆带有宗教符号的小货车的拥有者，这个人是一名牧师，但和他在一起的孩子并不是吉米，这又是一个错误的消息。

很快，感恩节到了，里斯夫妇艰难地度过了这个本该高兴的节日，节日会加重他们对吉米的思念。尽管警方的搜查总是不能得到好的结果，但他们从未放弃，探员们继续监视着他们认为最具有嫌疑的人——在吉米家附近活动的送面包司机。

12月初，探员们决定安排这名面包师参加测谎，而此时里斯夫妇则乘坐飞机前去参加一档全国性的谈话节目，他们想要通过这档节目来寻找吉米，但他们所不知道的是，导致吉米消失的原因其实就在迈阿密。

在距离吉米家11千米外的一处农场中，农场的主人苏珊·思恩豪斯在整理自己首饰的时候发现自己的一副名贵耳环丢失了，在寻找这对耳环的过程中她还发现她放在抽屉内的一支女士手枪也不见了。苏珊的家距离小镇有一定的距离，她家周围没有其他邻居，而且她屋内也没有被盗窃的痕迹，因此苏珊怀疑偷她东西的人一定是住在农场内的人。

和苏珊一同住在农场内的只有两人，她的父亲和她所雇用的长工胡安·卡洛斯·查韦斯。苏珊决定搜查一下胡安所居住的拖车，之所以这样做，除了她父亲不需要偷她的物品以外，更重要的是胡安最近的一些行为也引起了她的疑心。

28岁的胡安是一名古巴人，他在过去的一年里一直都在苏珊的农场工作，作为交换，苏珊允许胡安居住在自己家的拖车内。因为胡安完全听从苏珊的安排，所以苏珊很相信他，她在外出的时候不会将房门锁上，胡安可以自由出入苏珊的房子。即便是现在，苏珊也不觉得胡安会偷窃自己的东西，但她决定在胡安不在的时候去他的拖车内看一下。

苏珊和父亲商议，由父亲带胡安去城内玩一整天，而她则在胡安外出的时候进入拖车查看。进入拖车后，苏珊在桌子上看到了她丢失的枪和耳环，而且在搜查衣柜的时候她竟然发现了一个孩子的书包。这让她感到不妙，她急忙找来她的儿子，她儿子在书包内找到一本课本，课本上用稚嫩的字体写着一个名字——吉米·里斯。在这个社区内，没有人不知道吉米是谁，苏珊马上给联邦调查局打电话，他们发现了吉米的书包！

警探们迅速来到苏珊家的农场，他们知道没人会在这种情况下保留吉米的书包，这条线索很可能就是找到吉米的关键所在。警方在拖车内除了找到吉米的书包之外并没有获得其他线索。

就在这个关键时刻，苏珊向警方透露了一条重要线索，在吉米·里斯被报道失踪的那一段时间，平日里从不收拾屋子的胡安破天荒地打扫了拖车，并给拖车换了新地毯。这让警方更加坚定了之前的想法。

半个小时后，胡安回到了农场，警察迅速制伏了他，将他带到警局接受调查。胡安在被捕的时候很冷静，他一句话也不说，默默地跟着警探回了警局。当天晚上，唐和克劳丁也回到了家乡。在审讯室内，调查员质问胡安为什么藏有吉米的书包，胡安的回答非常简单，他说这是吉米让他保管的，是当天吉米在农场喂马之后留下的。审讯人员当然不可能相信胡安如此拙劣的谎言，他们继续审问胡安。

与此同时，探员伦恩和苏珊一起在农场内检查，他想要找到一些其他证据。在一处树丛内，伦恩发现了三个很大的水泥花盆非常突兀地摆在那，而在这些花盆四周则丢着六七条狗的尸体，这些狗尸使整片区域内都充斥着恶臭。搜索行动一直持续到晚上，除了那三个水泥花盆和一些狗尸之外，警方没有发现其他异常的地方。

FBI决定对胡安使用测谎器，测谎器证实了胡安在说谎，没有通过谎言测试的胡安逐渐经受不住警方的压力。数小时之后，他崩溃了，承认了一些可怕的事情。

在吉米失踪的那天下午，天色将近黄昏的时候，胡安正在关闭农场周围的栏杆，做完这一切他准备开车回家，但他并不知道吉米就在卡车后面，在倒车的时候将吉米撞在了栅栏上误杀了他。探员们迅速赶到农场验证胡安所说的话，他们带了一位车辆谋杀方面的专家，经过专家的测量发现，吉米的身高和卡车后厢的高度是不匹配的，也就是说，胡安在撒谎。

随即，胡安再次更改他的口供，他告诉侦探，他的一个朋友在街上抓了吉米，他朋友把吉米带进拖车，拔出手枪想要射杀吉米，胡安看到之后想要阻止他，在他们夺枪的过程中，手枪走火杀死了吉米。他和他朋友一起将吉米的尸体扔进了运河。警方马上派遣打捞队前往农场附近的运河中打捞吉米的尸体，但他们并没有找到吉米。

FBI 通过胡安的表现推测出，胡安是想要将事情的真相告诉警方的，但他所做的事情过于变态，这让他羞于启齿。在经过 50 个小时的盘问之后，胡安提出了一个特殊的要求："能给我一些牛奶吗？"调查员知道他想要喝牛奶是因为胃灼热，胡安在喝了牛奶之后终于说出了真相。

9 月 11 日，胡安在路过运河的时候看到一群只穿着内裤的男孩在那里游泳，这让他感到很兴奋。他开着车沿着公路向北走，看到吉米正一个人步行回家，吉安迅速将车开到吉米前面停下，他打开车门用手枪指着吉米说："你今天想不想死？"吉米说："不想。"胡安大声说："进来！"他强迫吉米进车，然后将车开进马房，把吉米挟持到拖车内，在这里他侵犯了吉米。

晚些时候，胡安听到头顶有直升机飞过的声音，他伏在窗前观察，吉米趁胡安分神的瞬间试图逃跑，但他惊动了胡安，在吉米跑到拖车门口的时候，胡安开了枪，子弹从吉米的后背射进他的右胸腔。胡安一直捆着吉米，直到他死去。胡安在把吉米的尸体丢在一辆废弃小巴士上三天后，将吉米的尸体肢解了。胡安把切碎的尸体放进了三个容量约为 95 升的塑料花盆内，然后用水泥封死花盆。他又杀死了农场内的几条狗，将这些狗的尸体丢在花盆附近以掩盖尸体腐烂的味道。

联邦调查局带走了花盆，他们在花盆内部找到了孩子的尸体，牙医记录证实了这具尸体就是吉米·里斯的。没有人能够忘却吉米的经历，这个乖巧的孩子是如此的不幸，里斯夫妇在悲痛中公布了这个消息，他们通过媒体感谢了曾经帮助过他们、帮助过吉米的人。

1998 年，在案件审理期间，胡安撤销供词并声称自己是无辜的，陪审团拒绝相信他。最终，法庭以绑架、性侵犯以及一级谋杀罪的罪名判处胡安死刑。

　　同年，唐和克劳丁站在克林顿总统的身旁看着他签署了那份法令。至此，在联邦建筑以及公园内张贴失踪儿童照片将合法化。唐出资设立了一个培训机构——吉米·里斯性诱拐被害人帮助中心，这个机构将专门培养处理儿童诱拐案件的执法人员。

　　2009 年克劳丁·里斯在悲痛和思念中因心脏病去世，唐知道妻子已经和吉米团聚了，总有一天他也会和他们团聚，这让他感到稍许安慰。

第十三章

亡命天涯——绑架越狱覆灭记

　　马里奥开始筹划越狱，他一定要从监狱里出去，只有这样才能够再次报复谢丽尔。马里奥是一个思维缜密的人，他在做任何事情的时候都非常专注，会仔细考虑并规划好自己的每一步行动，这样就会让他少出差错。一个拥有这种特性的犯人，是最令人感到恐惧的。

1995 年 9 月 16 日，在美国密西西比州格尔福波特市发生了一起诡异的绑架案件。案发当天，当地警方接到一名叫谢丽尔·萨特比的女士报案，她发现和她感情不和的丈夫马里奥·萨特比正潜伏在自己的家门外（谢丽尔已经通过法律程序禁止马里奥接近她和她刚满 6 岁的孩子），这让她很担忧。当地警方赶到谢丽尔家里的时候，马里奥已经消失了。

但是，在警察离开后的深夜里，马里奥又一次来到谢丽尔的门外。惊慌失措的谢丽尔迅速跑到儿子的卧室将房门反锁，并拨打 911 通知警方，可是电话并没有接通，"嘟嘟"的忙音让谢丽尔更加惊惧，此时马里奥已经带着枪冲了进来，他用枪逼迫谢丽尔带着孩子和自己一起离开。

第二天，当地警方接到了谢丽尔父母的求助电话，当他们迅速赶往谢丽尔家时，谢丽尔和她的孩子已经消失了。此时，警方立刻将谢丽尔的前夫马里奥·萨特比设定为头号嫌疑犯，并马上展开调查。

在美国的联邦宪法中，"绑架"属于联邦犯罪，这种案子是非常紧迫的，必须马上和 FBI 取得联系，以便于及时获取对方掌握的信息，并得到 FBI 的帮助。当地警官史蒂芬·巴恩斯第一时间和密西西比州 FBI 办事处的联邦调查局特工史蒂夫·卡伦德取得了联系。在对案情有了一个初步了解之后，史蒂夫认为，当前最重要的就是寻找马里奥的行踪，他开始收集马里奥的资料。

29 岁的马里奥是一个经过潜水营救训练的消防员。他不仅有着非常精湛的水上营救技术，还因为出色的服务能力而广为人知，他还有着丰富的野外生存经验，但凭这些信息并不能判断出马里奥到底是一个怎样的人。

于是，史蒂芬又向他的同事，一名专门管理犯罪档案的探员求助，并联系了 FBI 的心理分析师，希望他们能够为自己提供有效的信息。经过调查，他们发现马里奥是一个非常恐怖的人，他不仅拥有枪支刀具等装备，还有着不为人知的黑暗性格，他曾长期对他的妻子和儿子实施家暴。几个月前，马里奥在距家 258 千米的消防部门找到了一份薪水丰厚的工作，这本来是一件好事情，但他却在上班没多久就在当地行窃，并被警方抓获，也因此丢掉了工作。

此外，马里奥还怀疑自己的妻子与其他男人有私情，并以此为借口凶狠地打骂谢丽尔，在这个过程中他还会对谢丽尔进行强制性性侵犯，由此可见，马里奥的内心是非常阴暗的。担心儿子和自己安危的谢丽尔最终将马里奥告上法庭，法庭勒令马里奥不准接近谢丽尔母子，同时谢丽尔又请求律师帮助她结束掉这段悲惨的婚姻。

马里奥在得知谢丽尔要离婚后，就认定自己的妻子已经背叛了他。FBI 的心理分析师认为，这段时光很可能就是马里奥人生中最暗淡的时刻，各种负面情绪压抑得让他窒息，他无法忍受这种感觉，于是他决定展开行动。

9 月 20 日，警方依然没有找到马里奥的踪迹。这已经是谢丽尔和她儿子失踪的第四天了，警方非常担心他们的安危，谁也不知道疯狂的马里奥会做出什么样的事情来。这一天也是马里奥要到密西西比州的帕尔法庭出庭，接受有关入店行窃案件审判的日子。令人难以想象的是，马里奥竟然在法庭开审之前出现了，他径直走向帕尔法庭。发现他的 FBI 特工迅速将马里奥制伏，并从马里奥的口中得知了谢丽尔和她孩子的下落，他们被马里奥关在停放于加油站内的汽车中。

当警探从车厢中救出谢丽尔时，她的脸上全是瘀血，惊魂未定的她不想回忆这 4 天中所发生的任何事情，但这一次"地狱之旅"一定会成为谢丽尔人生中的痛苦记忆。等谢丽尔情绪稳定之后，这 4 天的"地狱旅程"才悄然浮出水面。

在这 4 天里，马里奥挟持他们去了密西西比、路易斯安那和得克萨斯。在整个行程中，马里奥对谢丽尔不断施暴，并在孩子的面前对谢丽尔实施性蹂躏，马里奥还胁迫谢丽尔给她的律师打电话，终止离婚程序。通过谢丽尔的回忆，我们可以想象这短短的 4 天时光，就如同炼狱磨难，真不知谢丽尔是如何坚持下来的。

警方在审讯马里奥的时候再一次发觉他的"变态"。对马里奥来说，他始终认为自己并没有什么过错，并坚称这次"地狱之旅"只不过是一次普通的家庭旅行，他不应该因此而受到指控，警方不但不能拘捕他，还应该马上放他回家与妻子团聚。这种想法和自我辩解是不能取得陪审团信任的，尤其是在得知谢丽尔的惨状之后，没有任何一个正常人会同情马里奥。1995 年 11 月，马里奥·萨特比因绑架、偷窃和故意伤害他人的罪名被法庭判处 40 年监禁，并被收押进密西西比州帕尺门监狱中服刑。

大多数人都可能认为这件事情会到此为止，可事实是残酷的。狱中的马里奥并不曾有任何悔过之心，这次审判反而加深了他对谢丽尔的仇恨。马里奥开始筹划越狱，他一定要从监狱里出去，只有这样才能够再次报复谢丽尔。马里奥是一个思维缜密的人，他在做任何事情的时候都非常专注，会仔细考虑并规划好自己的每一步行动，这样就会让他少出差错。一个拥有这种特性的犯人，是最令人感到恐惧的。

马里奥终于在 1998 年等来了实现自己越狱计划的机会。在这两年半的监狱生活中，马里奥和一名年仅 19 岁的男孩成了朋友，并取得了对方的信任。这个名叫杰里米·格兰白力的犯人有过越狱记录，他在得知马里奥也准备越狱之后，便主动加入对方的计划，与马里奥一同制订了一个新计划。

杰里米近期会有一次庭训，他可以为自己找一名证人，与他一同前往琼斯县参加庭训，他选了马里奥。马里奥还通过书信让杰里米的律师把自己的名字放在目击证人的列表里，这样一来警方就没有任何理由来阻止马里奥同杰里米一起前往琼斯县了。

1998 年 6 月 25 日，马里奥和他的狱友杰里米因为庭训而被送出监狱。警官莫里斯·胡克斯负责转移，他邀请雷·巴特勒与自己同行，雷和莫里斯是好朋友，他是一名退休的警官。莫里斯很了解杰里米，他知道杰里米有独自挣脱手铐的能力，但是他对马里奥却了解不多，他只知道马里奥在监狱中表现很好，所以在马里奥上车之前就打开了他的手铐。这次转移，他们驾驶了一辆巡逻车，这辆车没有明显的标识，而且车的后挡也损坏了。

在经过几个小时的路程后，莫里斯因为驾车的缘故而有些疲惫，便决定在途经加油站的时候下车喝杯咖啡，休息一会儿。停下车后，莫里斯要求马里奥和杰里米一同下车，而雷则留在车中。过了一会儿，马里奥和杰里米先回到车中，随后莫里斯回到车上，在莫里斯刚刚关上驾驶室车门的一瞬间，杰里米突然发难，他冲向前排，用手臂将莫里斯的头紧紧夹住，并将莫里斯整个拖向后座，马里奥则抓起莫里斯的配枪，用枪的手柄狠狠地击打莫里斯的头部，直到莫里斯昏厥为止。雷因为没有武器，所以来不及反抗便被马里奥制伏，随后杰里米坐进驾驶室启动汽车，马里奥则将雷和莫里斯一同丢在后座，然后自己坐进了副驾驶，让杰里米驾车向远离城市的南方开去。

杰里米将车开进了南方乡下的一个破旧谷仓，他和马里奥将莫里斯和雷拖出车厢，把他们的双手反剪在谷仓中的立柱上，然后铐上手铐。随后他们开始检查车辆，他们在车的后备厢里发现了一支猎枪、一支步枪和一把手枪，这些武器增添了马里奥的勇气，他已经迫不及待地想要报仇了。直到马里奥和杰里米开车离去的第二天，莫里斯和雷才被人们发现，而这时马里奥和杰里米已经逃到了亚拉巴马州，一个距离帕尺门监狱320多千米的地方，他们以为自己已经逃出生天，却不知他们的行踪已经被塔斯卡卢萨警察局的一位警长察觉了。

当时的时间大约是晚上7点钟，警长突然看到一辆带有密西西比州标记的巡逻警车在公路上飞驰，他本以为是警方执行任务，但当他看到这辆车的后挡破损严重时，他就意识到问题可能很严重。于是，警长拉响警笛，叫停了这辆"异常车辆"，这辆车里面的乘客就是逃犯马里奥和杰里米。

当警长下车走向前询问的时候，他突然看见副驾驶上的男子迅速回头并对他开了枪，警长马上滚向一旁，躲开了这一枪，但匪徒再次开枪并驾驶车辆向后撞，试图杀死警长。这时，警长也掏出枪还击，在击中匪徒后车窗后，匪徒们终于加大油门逃跑了。被射中腹部的警长无力追击，只能眼睁睁地看着他们跑远。

马里奥和杰里米驱车逃了近5千米之后丢掉了这辆后挡损坏的巡逻车，他们重新盗窃了一辆车子上路。一天之后，警员克里斯正按惯例驾车巡逻，他看到前方正在实施交通管制，并且他也收到了马里奥和杰里米潜逃的消息，于是他准备去协助交管部门检查车辆，但就在他靠近交通管制点的时候，突然听到了枪声，等他靠近时，他的长官特纳已经倒在地上。特纳身边站着一名男人，这个人就是逃犯马里奥。

克里斯迅速跳下车，拔出手枪大声警示马里奥，让他退后，远离特纳并举起手投降，马里奥回头冲准备逃跑的杰里米大喊："没有我你是不会成功的。"但杰里米依然自行逃走了，马里奥一边后退一边将手伸向腋下，这个动作刺激到了克里斯，他以为马里奥是在掏枪，于是他开枪射向马里奥，马里奥应声倒下。克里斯以为自己击中了马里奥，他赶紧冲向特纳身边，对他展开急救，可是特纳已经不行了，而这时假装中枪的马里奥已经悄悄逃跑了。

马里奥和杰里米一南一北地逃进了帕克公路旁的森林，这个森林里有众多可以隐藏踪迹的地方。当地FBI特工拉里得到这个消息之后迅速成立了一个指挥中心，出动了整个州的特工和特警k9组，他们还带来了血液追踪犬，这次搜捕行动就在黑夜中悄悄展开了。黑夜中进行搜捕是最危险的，因为森林里面可供隐藏的地方众多，而马里奥和杰里米又带有武器，这给搜捕行动带来很大的困扰。

联邦调查局从南面和北面展开拉网式搜捕，并针对沼泽地和森林繁茂的地带进行重点搜查。在搜捕行动展开的同时，联邦调查局跟已经搬至密西西比州格尔福波特市郊区的谢丽尔通了电话,他们必须通知谢丽尔马里奥潜逃的消息。

1998 年 6 月 28 日,马里奥潜逃的第三日,因为马里奥的种种行为以及他所表现出的强烈愿望,无不暗示着他想要联系谢丽尔,并试图伤害她,甚至杀掉她。联邦调查局迅速出动特工将谢丽尔和她的孩子保护起来,他们要确保谢丽尔母子能够平安。

在这一天,联邦调查局封锁了方圆 23 平方千米的区域,并出动 50 多个机构的人手。在搜寻了大约 15 个小时后,血迹搜寻犬终于有了发现,他们锁定了一片浓密的黑莓区,在这里抓到了缴械投降的杰里米,但马里奥依然没有踪迹。

在审讯了杰里米之后,警方才获知了马里奥逃避警方追踪的方法,他总是在水流或溪流中行走,还会采集松叶和松针摩擦自己裸露在外的皮肤和衣服,用松树的气味来掩盖自己的体味,马里奥凭借着高超的野外生存技巧成功地逃脱了联邦调查局的搜捕。

马里奥在逃脱警方追捕之后便悄悄潜入一户人家,他清洗了自己的身体,小心地将自己用过的东西清理掉,然后再次潜逃。就在警方无计可施的时候,马里奥竟然尝试联系他的前妻谢丽尔,他用从莫里斯那里偷来的手机打给谢丽尔,但并没有接通。5 天后,搜捕队依然没有获得马里奥的下落,他们开始使用强光手电和直升机探照灯来搜索森林,但依然没能抓到马里奥。

7 月 4 日,马里奥成功逃出 FBI 的包围圈,并冲出州界。在距离联邦调查局搜索范围 3 千米外的 78 号公路收费站中,亚历山大正在使用公用电话,他并没有注意到身后的森林中走出来一个形迹可疑的人。马里奥在走到亚历山大身后时掏出了手枪,胁迫亚历山大用车子带他出城。

亚历山大强迫自己冷静下来,他在开车的同时不停地向马里奥讲《圣经》、上帝,并播放各种各样的宗教音乐,试图用这些行动来安抚马里奥,让他不要伤害自己。马里奥命令亚历山大放轻松，不要因为紧张引起警察的注意，他们开车向南行驶，又在中途吃了一顿饭，并给汽车加了汽油。在距离格尔福波特郊区只有 5 个小时的路程时，亚历山大用装睡骗取了马里奥的信任，当马里奥认为亚历山大真的睡着了以后，便准备下车去一趟洗手间，可就在他下车之后，亚历山大迅速启动车子逃跑了。

现在马里奥陷入了没有车的困境，他将目光移向了一个来这里旅游的西班牙家庭，他用西班牙语和对方沟通，要他们载自己一程，就在他和对方达成协议并获准上车之后，该休息区的一名警卫从传单上认出了马里奥，并迅速报了警，他对警方报告了这辆车的行踪和车牌号。警方及时封锁了州际公路，并展开搜捕，半小时之后他们发现了那辆车，并将马里奥抓获，而这里距离谢丽尔的家只有几千米的距离了。

在之后的审讯中，马里奥只谈论他对前妻的憎恨，他认为他对谢丽尔的行为都是应该的，并且他在谈论射杀警官过程的时候表现得十分冷静，这让特工们非常心寒。

1998 年 10 月 8 日马里奥再次越狱，这让联邦调查局非常震惊，要知道收押马里奥的监狱看守是非常严密的。而马里奥此次越狱之所以能够成功，是因为他"感化"了一名监狱的女看守。这名女看守在没有离开岗位的情况下，按照马里奥的需要打开了 5 个门，就这样顺利将马里奥送出监狱。该女看守在马里奥服刑期间，多次使用对讲机向马里奥倾诉生活烦恼，并从马里奥这里收获安慰，渐渐地，这名女看守就相信马里奥是爱自己的，所以才会信任并放走马里奥。马里奥在逃出监狱之后，便从他的一位朋友那里获得了伪造的身份证件，这些证件可以使他光明正大地行走在城市中。

联邦调查局知道，再次越狱的马里奥会更加难以抓捕，所以他们请出专门追踪逃犯的特工参与此次抓捕行动，并通过各种渠道收集马里奥潜逃的线报。在社会各界的支持下，持有伪造身份证件的马里奥再次露出形迹。

10 月 13 日，马里奥出逃的第五天，联邦调查局发现马里奥在逃亡过程中一直给那名女看守写信，可能马里奥真的爱上了这名女看守，信件的邮寄地址暴露了他的踪迹。联邦调查局将搜索马里奥的区域大幅缩小，10月21日早上，联邦调查局迅速展开行动，他们在一个付费电话亭旁停靠的一辆车内发现了马里奥，并将其抓捕。

几日后，马里奥·萨特比被送往塔拉迪加的联邦监狱，在这里没有女看守。1999年5月，马里奥因为杀害警官吉斯·特纳而接受法庭审判，在这次审判中，马里奥试图通过演技来说服陪审团，但显然他没有成功。2005年4月28日下午6时22分，39岁的马里奥被执行注射死刑，再也没有人会威胁谢丽尔和她孩子的安全了。

第十四章

丧尽天良的凶徒——连环失踪杀人案

纽威哥县警官戴夫·巴布科克亲自带队指挥此次打捞。尸体被警方捞起之后，从尸体眼睛和嘴巴都被布基胶带包住的情况来看，这很明显就是一起他杀案件。此时尸体已经严重腐烂，警方只能通过尸检程序来获得进一步的信息。经尸检部门鉴定，尸体是一名成年女性，该女性曾做过几次外科手术，包括剖腹产，死者是在活着的情况下被抛入水中的。我们不敢想象，死者在被抛入水中的前一刻经历了怎样的事情。

1996 年 6 月 8 日，对于很多人来说，可能只是一个普通的日子，但对于生活在密歇根州雪松泉市下辖的一个社区中年仅 19 岁的蕾切尔·提莫尔曼来说，这一天是阴沉黑暗的，她正在绝望和无助中挣扎，急需得到他人的帮助。杰基·马尔索姆在接到蕾切尔的电话之后马上预感到事态的严重，电话中悲泣的蕾切尔让她感到不安。杰基一边安慰蕾切尔，一边对她说："宝贝，你想要我前去吗？我立马就过去！"得到蕾切尔的允许之后，杰基迅速赶往蕾切尔的住处。

杰基在社区服务机构工作，她和蕾切尔是非常要好的朋友，她们在很小的就已经认识了。杰基知道蕾切尔的家庭情况不是很好，她和母亲、妹妹生活在一起，母亲不能提供给她优越的生活条件，即便是在精神层面，她都很少能够帮到蕾切尔。学生时代的蕾切尔不曾拥有过任何一件漂亮的衣物，她甚至没有充足的时间来完成自己的学业，缺少金钱和精神支撑的蕾切尔一直在吸毒，她像很多叛逆的少年一样颓废而又迷茫地生活着，这种状况一直到蕾切尔怀孕后才终止。

"香农"是蕾切尔给女儿取的名字，她非常爱她，女儿的降生让蕾切尔真切感受到了什么是爱。几乎从不哭泣的香农带给蕾切尔巨大的幸福感，她发誓要给香农一个健康正常的生活环境，她要告别派对、大麻、烟酒以及原来的生活，她要成为香农生命中的保护伞，一个受人尊敬的好妈妈。

赶到蕾切尔家的杰基不敢相信自己的眼睛，鼻青脸肿的蕾切尔和她放大的瞳孔无不暗示着，她现在是多么的恐惧和无助，杰基知道蕾切尔一定经历了一件可怕的事情。在杰基的安慰下，慢慢冷静下来的蕾切尔讲出了她所经历的"恐怖"。

前天晚上，蕾切尔的高中同学迈克和 44 岁的瓦耶·戴维斯邀请她同他们一起玩纸牌游戏，和他们在一起的还有迈克的叔叔马文·贾柏林，在此之前蕾切尔并不认识马文。面对朋友的盛情邀请，蕾切尔感到很开心，她在将香农交给自己的妹妹照看之后，就同她的"好友"们一起出门了。

一个单亲妈妈是很少能够拥有这样绝佳的放松机会的，此刻的蕾切尔甚至将同行的三人当作了自己心目中的知己，但事情不像她心目中想象的那样美好。马文驾驶着车沿着公路一直往偏僻的地方开，在转过一个弯道之后，马文将车子停了下来，他将瓦耶和迈克赶下了车。

马文的意图很明显，他强迫蕾切尔留在车内，并将车开往更隐秘的树林中，在那里他将蕾切尔拖出车子，并不顾蕾切尔的反抗对她实施了强暴。那一晚，马文多次凌辱蕾切尔，他像个疯子一样啃咬蕾切尔的鼻子，殴打她并将她的头用力撞向地面，直到这个禽兽离去，蕾切尔才逃回了家。

杰基在知道事情的始末之后，首先鼓励蕾切尔去医院检查，然后再去警察局报案。要知道对于像马文这样的变态强奸犯来说，妥协、纵容更可怕，如果你不告发他，他还会来侵犯你，所以必须让这种人尽快得到应有的惩罚。蕾切尔听从了杰基的建议，她向警方报了案。

警官戴维·巴布科克受理了此案，他去医院探望了蕾切尔，在她的眼中，戴维看到了恐惧，她深深地惧怕着马文。戴维知道蕾切尔现在需要得到他人的鼓励和安慰，戴维将这个任务交给了杰基。杰基在戴维走后，一遍又一遍地鼓舞蕾切尔，她要帮助蕾切尔渡过这一难关。

从医院出来以后，戴维马上就找到了马文，戴维要求他随自己回警局，马文称自己第二天会主动前往警局，但他并没有去。第二天，戴维收到了一份足有5页文字的传真，这份传真是马文发来的，他试图用这种方式来为自己换取清白。在这5页传真里面，马文详细地解释了整个事件，他声称这次事件的诱导者是蕾切尔，是她诱惑自己的，并在事后故意制造丑闻来污蔑自己。尽管马文的故事编造得很逼真，但他并没有证据证明自己所讲的话，警方直接逮捕了马文，并以强奸罪起诉他。

法院在收到起诉之后，便开始调查此案。取证人员在取证的过程中在蕾切尔的家里发现了大量啤酒瓶和红酒冷却器之类的东西，便以酗酒的名义将蕾切尔送进了监狱。谁也想不到法院竟会犯这样低级的错误，他们竟然舍本逐末，对蕾切尔酗酒一案的重视程度超过了马文强奸案。1997年1月，法院以照顾婴儿期间酗酒的罪名判处蕾切尔5个月的监禁，蕾切尔在入狱前将小香农转托给她的金姆·沃哈格照顾。

在对马文的审讯中，证人瓦耶·戴维斯保持沉默。虽然这位蕾切尔的族亲并没有帮助她，但警方已经搜集了足够多的证据来证明马文的罪行。马文在被羁押两周后，便被其家人以支付保释金的方式带出了监狱。

5个月后，蕾切尔的生活回到正轨，她搬出去和父亲住在一起，并在一家快餐店找到了一份工作，她要告别她曾经住过的地方，远离知道她生活过往的人群，她要带着小香农开始新的生活。

1997年6月3日，天朗气清，是一个约会的好日子。这一天，蕾切尔同样很兴奋，她对她的家人说，她在工作中遇见了一个挺好的男人，这个男人愿意接受她和小香农，他还想要和自己以及小香农一起生活。蕾切尔在细心地化了妆，整理好婴儿车之后便告诉家人她要去赴约，不久就会回来。

到了第二天，蕾切尔的父亲收到了她的一封亲笔信，信里面说："我很抱歉，我在没有和你们讲的情况下就离开了，我要结婚了，等我安定下来之后会给你们写信的。"看到了这封信，蕾切尔的父亲和她的朋友都很欣慰，他们祝福她，希望她真的找到了属于自己的"童话"，可以开始属于自己的幸福生活。

在大家都松一口气的时候，蕾切尔的母亲金姆却并不觉得乐观。在她的内心中总有着一种不祥的预感，她觉得蕾切尔不会这样对待家人，也不会在约会的时候将小香农带上，这都是不合常理的。

1997年6月5日是法庭对马文强奸蕾切尔一案正式宣判的日子，但就在蕾切尔要以被害人的身份出庭作证时，她改主意了，她要放弃这次起诉，她以激烈的言辞向公诉人和法官写了信，这些言辞让公诉人和法官非常震惊，他们很难相信会有这种情况出现。这些邮寄来的信件都盖有阿肯色州的邮戳，和她寄给家人的信件的邮戳相同，而且这些信都有一个特点，它们的信封不是那种需要用手指贴邮票的信封，而是一个手写的邮票，这有些不正常，因为这种现象不可能一直存在。

在蕾切尔撤诉，不能找到她的情况下，美国官方不得不撤销了对马文的起诉。6月14日是父亲节，这个特殊日子的前一天就是小香农的生日。这一天蕾切尔的家人再次收到了她的来信，信里面说现在和她生活在一起的男人是阿尔伯特人，她在小岩城找到了一份工作，她想要在阿肯色州定居。这封看似平常而又普通的信件引起了金姆的高度怀疑，她开始频繁和家人通电话，作为蕾切尔的母亲，金姆认为信中所使用的语气并非蕾切尔本人所有，这里面一定另有隐情。尽管金姆十分肯定，但她并没有任何凭证，也不知道蕾切尔到底去了哪里，只能在焦急中等待消息。

一个月后，道格拉斯·索特罗和他的女婿准备去纽威哥的牛津湖钓鱼，这个湖在当地有着"澄泥箱"的外号，意思是说这个湖的湖水很深，几乎没有底。来到河边的两人很开心，他们站在远处眺望湖面，准备选择一个绝佳的钓鱼地点。目光锐利的道格拉斯好像看到了什么异常现象，他觉得有些不对劲，准备把船划过去看个究竟。

小船慢慢地接近了这个不明物体，坐在船头的道格拉斯已经可以看到这个不明物体上被紧紧绑着的红色水泥砖，他觉得这很可能不是一般物体。果然，在小船再次向前划了两三桨的距离之后，处在下风口的道格拉斯马上闻到了一股恶臭，他意识到这个被沉在湖中的物体很可能就是一个死人，他和他的女婿迅速返回，并拨打了911。

纽威哥县警官戴夫·巴布科克亲自带队指挥此次打捞。尸体被警方捞起之后，从尸体眼睛和嘴巴都被布基胶带包住的情况来看，这很明显就是一起他杀案件。此时尸体已经严重腐烂，警方只能通过尸检程序来获得进一步的信息。经尸检部门鉴定，尸体是一名成年女性，该女性曾做过几次外科手术，包括剖腹产，死者是在活着的情况下被抛入水中的。我们不敢想象，死者在被抛入水中的前一刻经历了怎样的事情。

寻找死者的家属是警方的另一项职责，当地警方在报纸上刊登了尸检结果，以便于死者的家人能够得知这个消息。金姆在报纸上看到了这起案件，她马上意识到死者很可能是蕾切尔，因为尸检结果和蕾切尔有着很多吻合之处。蕾切尔曾经做过臀部抬升的手术，并且蕾切尔在生小香农的时候还做了剖腹产，这些吻合之处让金姆非常担忧，她有一种很不祥的预感。金姆迅速联系了当地警方，在和警方沟通之后，警方决定将死者的指纹和蕾切尔的指纹相对比，结果二者的指纹完全吻合，死者就是蕾切尔。

得知这个消息后，金姆一下子老了下来，其他人也对这个消息感到震惊，人们都不愿相信这个已经死去的人就是蕾切尔，但现在最紧要的事情不是哀痛，而是寻找和蕾切尔一同失踪的小香农，这个刚刚11个月、永远爱笑的孩子去了哪里？她也被害了吗？还是在某个地方活着呢？

金姆在朋友的帮助下将这起绑架杀人案告诉了美国联邦调查局，同为女性和母亲的特工罗伯特·吉利接手了这起案子，身为一个母亲她非常担心小香农的处境，她决定不管当前问题如何棘手，都要将罪恶剪除。

罗伯特的方法很直接，她首先要得知蕾切尔是和谁在一起的，并且要对牛津湖进行彻底搜查，随后FBI与其他机构合作，在全国张贴小香农的海报，以便于从社会各界收集线索，但这些行动都没有取得有效的成果。罗伯塔再次将目光转向了最有可能的犯罪嫌疑人，这些人曾经和蕾切尔有着不同程度的关系。

首先联邦调查局调查了蕾切尔的前夫，小香农的父亲瑞克·维尔哈格，但很快警方就排除了他的嫌疑，因为瑞克一直居住在佛罗里达，并且有不在场的证据，罗伯特也认为，瑞克并不会如此憎恨蕾切尔，他不会杀害她。

但有一个人是非常憎恨蕾切尔的，他就是马文·贾柏林，马文曾在强暴蕾切尔之后，用小香农的生命威胁过蕾切尔。马文声称，如果蕾切尔将这件事告诉其他人，那他就会杀死她，并在杀她之前杀死小香农。那马文会不会按照自己的想法这样做呢？当初带蕾切尔和小香农离开的男人又是谁？这些线索引领罗伯特一步步接近答案。

罗伯特准备审问马文，但当地警方却已不知马文的踪迹，马文悄悄地消失了。一直到 FBI 收到消息，一个名叫贾柏林的人好像住在阿尔托纳的孟诺教派社区，警方才再次得到马文的消息。

7 月 12 日，州警查德·米勒和戴夫·巴布科克来到他的住处，远远地就看见这间屋子的烟囱冒着浓烟，显然屋内的人正在烧东西。警探在敲门无果之后（美国警方在没有搜查令的情况下，未得主人同意，是不能进入屋内的），只能在房屋周围查看，幸运的是他们在屋外发现了一堆混凝土浇筑的砖块，这些涂有红色油漆和焦油的砖块与紧紧绑在蕾切尔身上的砖块十分相似，随后警探们询问了周围的邻居，证实了马文曾在此处居住，但近期已经没有看到他了。

更让警方感到奇怪的是，马文曾经雇用了一个叫约翰·威克斯的工人，这名工人也失踪了，警探迅速找到了马文的前女友，但令警方感到奇怪的是，她称呼马文为兰斯，并对警方说，兰斯和约翰前往得克萨斯州购买大麻了，她也不知道怎样联系到对方。但她向警方提供了一个有力的线索，她曾在一次偶然的情况下抓到兰斯正和一名叫蕾切尔的女孩通电话，这让她很愤怒，在争吵中，兰斯解释说，他在帮约翰将这名叫蕾切尔的女孩钓上钩。

搜集到这些信息之后，警方推断，那天将蕾切尔约出来的人很可能就是约翰，而马文则很可能是杀害蕾切尔的那个人。联邦调查局在经过几周的搜寻后，终于找到了马文的踪迹，马文近期因为酒后驾驶而被警方记录在案，与此同时，化学实验室的检验报告证实了马文家外的水泥砖块和蕾切尔身上绑着的水泥砖是相吻合的。

查德·米勒和戴夫·巴布科克带着搜查令再次来到马文在阿尔托纳的房子，马文仍然不在家，但他的家人正在将屋内的东西搬走，戴夫马上喝止了他们，并让这些人将物品回归原处，警方有充分的理由怀疑马文的家人是在协助马文销毁证据。在屋内，戴夫和查德发现了贴在窗帘上的布基胶带和大量红色喷漆，并且在马文的家中发现了一本名叫《完美犯罪》的书，这是马文家中唯一一本书，书中描述了一个性猎手如何绑架一名女人，如何将她俘虏成为自己性工具的过程。

马文在生活中是一个一流的骗子，他有着多重身份，他使用这些身份买车、买房、买保险，以此来掩盖自己的真身。犯罪心理学家克里斯·默罕迪博士指出，马文是一个不折不扣的暴力狂，他自认为自己是特别的，他认为自己有权利去做他想做的任何事情，不需要接受法律的约束，他甚至认为其他人的存在不过是为了使他更加方便地体验生活罢了。

调查人员的想法是对的，马文在阿尔托纳的房子果然没有登记自己的名字，登记人其实是一名叫罗伯特·爱伦的贫困旅客。当警方试图寻找爱伦时发现，这个人已经失踪了。FBI通过联系爱伦的家人得知，爱伦已经在两年前，也就是 1995 年失踪了。

虽然爱伦已经失踪了，但爱伦的社保仍在使用，给爱伦上保险的人就是马文，显然马文不仅盗用了爱伦的身份，还窃取了他的金钱，警方甚至怀疑爱伦正是因为这笔钱而被马文杀害。

此时，警方开始怀疑已经失踪的约翰是否也被马文杀害了。调查人员又试图与瓦耶·戴维斯取得联系，但他也消失几周的时间了，而且他的家人还证实瓦耶就是在同马文见面之后失踪的。至此，警方推断，瓦耶、爱伦、约翰很可能已经被马文杀害，而这三人的死亡都围绕消除强奸罪证这一个关键点。

这时，马文的一个邻居向警方透露：马文曾经在蕾切尔失踪几天后的一个晚上用打磨机打磨船桨，噪音将他吵醒，他看到马文在小船上放了三块水泥砖和一条锁链，同时一对在牛津湖跑步的夫妇也向警方表示，曾多次看见马文驾车前往牛津湖。

1997年7月18日，蕾切尔的尸体被发现一周后，马文的家人带来了一条重要线索，马文在汉格霍德湖边有一个住处，这里距离牛津湖只有11千米。警方迅速出动赶往这个窝点，希望可以在这里将马文抓获，但是马文已经逃离了。在这里，警方发现了孩子用的尿不湿和蕾切尔失踪时所佩戴的发夹，由此可见小香农曾经在这里待过，可是她现在在哪呢？

在FBI接手该案件后的两个月，联邦调查局收到了一封匿名信，信里说马文向他索要土地使用金，但他想要保留这笔钱，于是他便向联邦调查局举报了马文。此时的马文非常迫切地想要得到这笔钱，他不断给邮局打电话，想要知道这笔钱到了哪里，FBI决定利用这笔钱引诱马文上钩。

1997年10月14日，联邦调查局的特工和当地的警察悄悄潜伏在邮局附近，他们在等马文出现。上午11时左右，特工们发现一名和马文非常像的人进了邮局，他们立刻行动，在马文从邮局出来的一瞬间将他制伏在地。

马文的落网使大家都松了一口气，但是这不是最重要的，现在最要紧的是要从马文的口中得到小香农的下落。警方出于人道主义，希望马文可以主动将小香农的情况坦白，但是马文拒绝承认自己和香农的失踪以及蕾切尔的死有关。不仅如此，马文还有着非常强烈的倾诉欲望，他不断地给报社、见证人以及蕾切尔的家人写信。他在给金姆的信中说道："都是你的错，蕾切尔的死都怪你，从今以后，你的脑海里总会浮现她沉湖的画面，还有她沉下去后翻起的泡沫。"这种残忍的做法昭示着，马文已经丧失了良知和人性。

调查人员鼓励收到信件的人们给马文回信，只有这样才能从马文嘴里得到更多的线索和证据。金姆最先开始回复马文的信，她还不时地跟马文通电话。在电话里她质问马文，他是将香农卖给了黑市还是杀害了她。在面对金姆的质问时，马文坚定地说："不，我没有杀她。"此时，几位民众也参与进来，他们质问马文，为什么要杀孩子，那个孩子怎么你了？

在人们的声讨中，马文终于崩溃了，他说我不能留着香农，我不得不除掉她，我把她扔进了湖里。人们不知道马文对哪一方讲的是真话，调查人员决定冒险，他们将在马文毫无准备的情况下开庭审讯他。马文在知道这个消息以后，还试图干扰联邦的司法权，他画了湖的图，并圈出司法权的界限，声称有人要买这个地方，并画了三个叉，表示尸体会在其中的一个地方发现。这张图不仅没有帮到马文，还给警方带来了新的线索，湖里很可能还有其他尸体。

2001 年 5 月，警方再次展开搜查牛津湖的行动，但是由于湖水基本不怎么流动，脏污太多，警方在放出数千升水和移除 300 多立方淤泥的情况下，依然没有得到任何有用的信息。

2002 年 3 月，马文·贾柏林因谋杀蕾切尔·提莫尔曼而被警方指控，罪名为一级谋杀罪。检察官认为马文在用计诱拐蕾切尔之后，以小香农为筹码威胁蕾切尔撤销强奸罪指控。所以他提议两罪并判，处以死刑，陪审团全票通过。该刑罚后来被减为终身监禁。这个判决是很多人所不能理解的，人们认为马文就该被处死。

2002 年 7 月，一个游客在马尼斯蒂森林的双木湖发现了瓦耶·戴维斯的尸体，约翰·威克斯和罗伯特·爱伦也被认定为死亡，马文没有因为谋杀这些人而被起诉。小香农依然没有任何消息，人们只希望厄运不要发生在她的身上，希望她可以平安成长。

第十五章

色胆包天——性幻想杀手

　　法医的鉴定结果显示，帕梅拉是被凯斯强奸之后再用电线勒死的。我们不难想象帕梅拉在人生的最后阶段经历了什么，这个小女孩就这样离开了人世。这场苦难不仅仅发生在帕梅拉身上，还发生在每个参与此案、知道此案的人心中。

　　1999 年 10 月 2 日，在美国密苏里州的堪萨斯市，20 岁的医学生米肯·梅特森告别了朋友独自驾车回家，当时已经是凌晨 3 时 30 分。米肯的住所距离朋友家很近，她一边开车一边放了一些让人轻松的音乐。作为一名整形外科医生，米肯平日里的生活学习是非常忙碌的，但她并不感到辛苦，她的愿望就是成为一名伟大的医生，不管过程有多么艰苦。

　　就在米肯即将到家的时候，她注意到一辆停在路标前的白色货车，这辆车有足够的空间掉头或者向前开走，但它却并没有这么做，这种不按常理出牌的车子让米肯有些疑惑，但她也没有过多关注这一现象。

　　可就在米肯驶过了这个路口时，倒车镜中突然出现了那辆让她感到怪异的货车。货车开着车灯紧紧地跟在米肯身后，这让米肯有些恐惧。就在米肯将车辆停在公寓停车场，抱起医疗资料准备离开的时候，那辆白色的货车也停了下来，车里走下来一位年纪轻轻的男人，他径直走向米肯，米肯愣住了，她呆呆站在那看着对方接近自己。

　　米肯让自己保持微笑，陌生男人在走近米肯之后向她询问她是否认识杰夫。米肯强自压下内心中的恐惧，她很礼貌地说自己并不认识杰夫，在讲完这些之后她便快步向着公寓的大门走去。但就在米肯向前走了五六米的时候，她突然听到了从身后传来的急促脚步声。那名向她询问杰夫的男子冲了过来，他在米肯逃跑之前抓到了她。这名男子用一把长约 15 厘米的尖刀威胁米肯不要出声，否则他就会杀了她。

　　这名男子挟持着米肯向停车场的方向走去，在这个过程中，该男子拿出了一副手铐，他威胁米肯将这副手铐戴在手上。米肯已经意识到戴上手铐就预示着自己只能束手待毙，她急中生智，假装自己很笨、很害怕，不知道该怎样佩戴手铐。这名男子果然没有发现米肯是有意为之，他松开原本勒着米肯脖子的手臂，快速将手铐的一端铐在了米肯手上。做完这些之后，这名男子抓着手铐的另一端试图将米肯拖向一边。

在两人相互拖拽的时候，米肯挎在左肩上的女士挎包滑了下来，这名男子一次次将滑下的挎包推回原位，这一动作让米肯意识到这名男子不是来抢劫的，他很可能会杀掉自己。

恐惧让米肯不知所措，但恐惧同样激发了米肯求生的意志，在这一刻时间好像变得慢了下来，米肯的脑海里出现了自己可能被杀或者自己的尸体被丢在某个角落的画面，这样的画面是她所不能接受的。在米肯看来，就算是真的要死，她也宁愿死在这里，死在自己拼命反抗之后。因为在这里，至少她的家人可以找到她的尸体。

被逼上绝路的米肯绝望地咆哮起来，她愤怒地反抗着这名男子的拉扯，完全不在乎这名男子手中的利刃，她用牙齿咬这名男子的手，但她的力气显然不足以挣脱这名男子的控制，她需要马上找到新的办法。米肯在被这名男子拖向白色货车的过程中，突然注意到了身边停着一辆新车，而新车里面一般都会装上声音非常响亮的报警装置，只要撞击力度够大，那新车就一定会发出警报。米克就像溺水的人抓到了最后一根救命稻草一样，她不顾一切地用脚踹身边的车，但这辆车并没有发出警报。

绝望的米肯突然用手抓住了这名歹徒放在自己脖颈上的尖刀，她用力将刀子从脖颈上推开，但她的手也被刀子划伤。这名凶徒显然没有想到米肯会有这样剧烈的反抗，大意之下刀子被米肯抢到并丢在地上，失去了凶器的凶徒依然不想放弃，他试图将受伤倒地的米肯拖向货车。米肯尽管无比绝望，但她依然拼命地大喊大叫，她的顽强让凶徒退缩了，他夺过米肯肩上的挎包逃走了。

米肯逃到了距离自己最近的邻居家，拨打 911 报了警。最先赶到的是堪萨斯城的贾森·克兰布利特警官，贾森一边安抚米肯，一边对案情做初步了解。不久之后，探员汤姆·普鲁登也从抢劫科被调来参与此次案件的调查。汤姆认为，这起案件明显不仅仅是一起抢劫案，因为抢夺物品不需要戴一副手铐。

警方根据米肯的描述掌握了部分有助于案情调查的信息，这些信息包括凶徒驾驶的白色老式货车和他没有带走的那副手铐。警方在取走手铐之后，随即通告全市的警员搜寻这辆汽车。警方试图从公寓的监控视频中获取更多线索，但该公寓情况较为复杂，案发现场并没有安装监控设施。仅有的线索并不能使警方迅速抓到这名凶徒，这也就意味着他极有可能再次作案。

1999 年 10 月 12 日，这一天是米肯被凶徒攻击并实施抢劫后的第 10 天，警方依然没能找到这名隐藏了形迹的罪犯。FBI 特工德克·塔普利担心凶徒会重新攻击其他人，在所有的人群中，孩子是最容易被攻击的对象，这让他很担心。就在德克为孩子们感到担心的时候，凶徒又作案了。

距离米肯居住公寓仅有 10 千米的地方，11 岁的彭妮·巴特勒和 10 岁的帕梅拉·巴特勒正在她们 16 岁的姐姐凯西·伊顿的照看下，在门前的院子内玩耍。孩子们的妈妈雪莉·韦斯特在外面工作，凯西还需要照看更为年幼的弟妹。过了一会儿，凯西·伊顿要去客厅给弟弟喂一些食物，客厅的门是打开的，凯西可以在屋内听到帕梅拉她们玩闹的声音，所以她并不是非常担心她们。

下午 5 时左右，凯西同意帕梅拉去社区另一边的一家加油站购买零食。帕梅拉非常开心，她滑着旱冰鞋独自去两个街区以外的商店购买自己心仪的零食，但她所不知道的是，她的一举一动都被一个人盯在眼中。

没有人注意到，在距离帕梅拉家仅有半个街区远的地方，停靠着一辆白色老式货车，车里面坐着的正是曾经袭击过米肯的凶徒。待在门口的彭妮看着妹妹帕梅拉即将从这辆白色老式货车旁经过。突然，一个藏在车座后面的男子迅速冲出车子，将帕梅拉拦腰抱进货车。帕梅拉惊恐得大叫起来，彭妮也迅速大声喊叫，她冲进屋子想要找凯西帮忙，而这时凶徒已经将车子发动起来。凯西抱着尚在襁褓中的弟弟冲上街道，试图拦下这辆货车，但货车擦着凯西的身子冲了过去。在货车从她身边经过的时候，凯西看到了想要挣扎起身的妹妹和那名穿着红色上衣的凶徒。凯西追着货车大声呼喊，她想要得到周围邻居们的帮助。

此时在街南角处，有两名邻居正在车内聊天，他们听到了凯西的呼喊，觉得事情很不对劲，于是发动车辆跟上了那辆逃跑的白色货车。尽管这会儿是上下班的高峰期，市内的交通非常拥堵，可这辆皮卡的车速依然高达80千米／小时。在这辆车即将驶入高速的时候，凯西家的邻居成功追上了这辆白色货车，他拿起身边的笔和纸记下了这辆车的车牌号——密苏里177CE2，他将这张记有车牌号的纸举在车窗前使对方看到，以迫使对方停车投降。但他没想到的是，就在他们通过一个匝道的时候，这辆货车突然掉头冲进另一侧的匝道内，逃离了凯西邻居的视线。

警方迅速赶到了凯西家，警探文西·达尔比前来处理这起绑架案件，他在了解案情经过之后马上意识到这起绑架案非同寻常，要知道在大多数儿童绑架案中，75%的被害人会在3到6个小时内死亡。

警方首先需要排除帕梅拉其他家庭成员作案的可能性，他们询问了帕梅拉的母亲雪莉，得知雪莉和丈夫已经分居了，警方怀疑这起绑架案是否与她的丈夫有关，但帕梅拉的父亲当时正在工作，有强有力的不在场证明。

根据邻居提供的车牌号，警方迅速找到了这辆车的归属——密苏里的一家建筑公司。为了防止歹徒将帕梅拉带出州界，警方将这起案件向FBI报备。

特别探员迪克·塔普雷与乔安娜·麦登加入了此案的调查。特工们发现，凶手是在光天化日之下实施绑架，他一点也不在乎被他人看到或者被其他周边的人抓到，这说明凶手是一个失去理性和不顾后果的人，这种人非常危险，特工们决定连夜行动。FBI特工在附近社区发现了一双丢弃在角落中的旱冰鞋，但这双旱冰鞋并不是帕梅拉所穿的。

在帕梅拉被绑架的几个小时内，警方第一时间联系了媒体，他们需要媒体的帮助，尽管这样的行动不符合法律程序（没有向上级申请）。广播站在收到警方求助的消息之后，迅速将这起绑架事件通过所有频道播出，他们从早到晚不停播报与之有关的案情信息。

与此同时，米肯从电视上看到了有关这起绑架案的报道，她马上确定犯下这起绑架案的凶手就是那晚绑架自己的人。米肯迅速和警方取得联系，她为警方提供了这一线索。

当晚 10 时左右，从堪萨斯市东边 40 千米远的格雷恩瓦利教堂内打来一个电话。在电话里，一对夫妇向警方报告称在当晚 6 点钟左右，他们在去位于镇子郊区的教堂的时候，在马路对面的停车场中看到了一辆他们从未见过的白色老式货车，他们记下了这辆车的车牌号，这个车牌号与凯西邻居记下的车牌号完全一样，而且他们观察到这辆车内有一条带有花纹的毯子。就在格雷恩瓦利警方赶到这个停车场的时候，这辆车消失了，警方迅速搜索了停车场附近，他们没有发现帕梅拉的踪迹。

FBI 特工在凌晨 4 时的时候找到了这辆白色老式货车的登记人，虽然这个人承认这辆货车是他的，但他的相貌和目击证人描述的不符，而且他有不在场的证明。FBI 从这名车主的口中得知了一条重要线索，他在几周前将这辆车借给了公司的一个职员——凯斯·尼尔森。

凯斯·尼尔森的相貌与目击者的描述相符，而且警方还在档案中查到了凯斯曾有偷盗、阻碍司法、袭击警察等多项犯罪记录。凯斯·尼尔森没有稳定的工作，他同时做着几份零工，有女朋友和家庭，按理说，这种人不会成为在光天化日之下绑架他人的罪犯，但警方依然将他定为头号嫌疑人。

警方首先调查了凯斯的女朋友，但她说她已经有几天都没看到过凯斯了。在这里警方还得到了另一条线索，据凯斯的女朋友讲，凯斯曾在米肯遇袭事件之前购买过一副手铐。凯斯的女朋友指认，警方手中的手铐就是凯斯当初购买的那一副，这条线索对案件的破获有着重要意义。

　　警方搜查了凯斯母亲居住的屋子，他们在这里发现了那对去教堂夫妇在电话中描述的那条毯子。凯斯的母亲证实，这条毯子是凯斯带回家的，它属于凯斯。凯斯的母亲称，凯斯前一天晚上就待在这里，但他在晚上很晚的时候离开了。警探又从附近的邻居口中得到了另一条线索，凯斯待在这里的那天晚上，他曾反复清洗双手以及他开来的那辆白色货车。

　　就在警方继续收集证据的时候，一个电话打乱了他们的计划，有人在距离凯斯母亲家几个街区的地方发现了一辆白色老式货车。当警方赶到的时候，他们只找到了这辆凯斯曾反复清洗的空车。警方只在车内找到了几根和帕梅拉头发颜色相近的长发，并没有发现血迹和打斗痕迹。因此，警方相信帕梅拉还活着，但他们也失去了可供调查的线索——货车已经找到，凯斯将会隐藏得更深。无法定位凯斯是警方所面临的最大问题，而此时已经是帕梅拉被绑架后的第 24 个小时，人们都感到有些绝望。

　　无奈之下，警方只能将精力放在公众所提供的众多线索上，他们试图从成千上万条线索里找到帕梅拉。10 月 13 日凌晨，警方再次锁定一条新的线索，一名司机向 911 报告称，他在 70 号州际公路上看到一辆超速行驶的面包车，车内乘坐的人和警方描述的凯斯相符，而且车内还载有一名无法确认身份的女性。

　　FBI 迅速出动，他们在高速上追到了这辆车，但就在他们拉响警笛叫停前行车辆的时候，这辆面包车突然加速向前冲去。在经过半个小时的紧张追逐之后，警方终于将这辆面包车逼停在高速路边，但下车的却不是帕梅拉和凯斯。这辆面包车的驾驶者是因为一些其他不相关的罪行而想要躲开警察。

　　警方再次将注意力集中到公众信息上，一条特别信息让警方觉得有些不安。一位曾和凯斯一同工作过的人打电话告诉警方，凯斯前几周曾向他吹嘘说自己有强奸和杀害女性的性幻想，他会对女性、女孩或者妓女做非常变态的事情，他甚至幻想了一块土地，在那里他可以随心所欲地对待这些被他抓来的人，当他玩腻之后，他会在这块土地上杀掉她们。

当天下午1时左右，堪萨斯市警察局秘书劳里·特雷兹在开车经过肯萨斯河附近时，发现一个年轻男人正独自坐在河堤上，这个男人就是警方正在追捕的凯斯·尼尔森。

劳里没有武装，她只有几秒钟的反应时间，劳里迅速编造了一个谎言，她摇下车窗大声询问凯斯是否见到了自己丢失的一条狗，凯斯说他没有看到什么狗，并询问劳里是否可以帮助他，他的脚踝受伤了，想要得到劳里的帮助。劳里非常机智，她让凯斯稍等，自己会开车去前面掉个头，然后过来载他就医。

劳里迅速将车开往附近的火车站，她需要召集一切她能找到的人手，在凯斯离开之前抓到他。劳里召集了几名铁路工人，在报警后她带着这些工人慢慢接近了凯斯。凯斯在看到这些工人之后试图从河中逃离，但他的脚踝受了伤，这使他在逃入河中之后又不得不回到了河岸上，几名工人紧紧地围着凯斯。几分钟后，FBI就赶到现场，凯斯当场被捕。

被送去治疗的凯斯拒绝与警方沟通，他的态度非常傲慢，拒绝向警方交代任何与帕梅拉有关的事情。FBI、当地警方和志愿者集中在凯斯被抓的那处河堤上，他们对那里进行了地毯式的搜索，这次搜索一直持续到深夜，但他们没能得到任何线索。

FBI再次组织了大量人手搜查了凯斯曾经停放车辆的格雷恩瓦利教堂停车场，在一处隐秘的丛林中人们找到了帕梅拉的裸尸。法医的鉴定结果显示，帕梅拉是被凯斯强奸之后再用电线勒死的。我们不难想象帕梅拉在人生的最后阶段经历了什么，这个小女孩就这样离开了人世。这场苦难不仅仅发生在帕梅拉身上，还发生在每个参与此案、知道此案的人心中。

凯斯·尼尔森被警方以加重绑架罪和跨州致死加重儿童性虐罪指控，

尽管凯斯俯首认罪，但他不曾有任何羞愧感。凯斯在法庭上公然对帕梅拉的母亲和法官比出侮辱性的中指，并冲他们说脏话，冲着所有人大喊："大家可能认为杀死一个孩子很难，其实很简单。"他的这种无耻行径激怒了所有人。法庭最终判处凯斯死刑。

第十六章

生死营救——迈阿密惊天绑架团

　　联邦调查局在爱尔修的公寓设立了指挥中心，他们安排技术人员监听了爱尔修的电话和移动设备，以确保能够在绑匪打来勒索电话的时候确定对方的具体位置。距离克里斯丁被绑架已经 18 个小时了，如此长的时间，使得警方和爱尔修不得不做最坏的打算，没有人能够猜到克里斯丁和两个孩子是否还活着，也不知道他们是否正在遭受着苦难。

　　1999 年 12 月 13 日，位于美国佛罗里达州迈阿密北部 16 千米处的阳光岛海滩迎来了旅游旺季，海滩美丽的风景和宜人的气候使得很多富裕的商人在这里定居。爱尔修和克里斯丁就是这片海滩富人区的住户之一。今晚他们一家人应邀前往一家高档私人会所，参加正在举办的迎接圣诞节的私人宴会。12 岁的朱莉安娜和 9 岁的朱尼尔并不需要父母的照顾，他们玩得很开心，但尚在襁褓中的艾利克斯则显得有些焦躁。

　　晚上 9 时 30 分左右，克里斯丁认为朱尼尔应该和他的弟弟艾利克斯回家休息，她把这个想法告诉了爱尔修，显然爱尔修也有同样的想法，但他尚且不能马上离开。即使这里离自家公寓很近，但因为那段路有些黑，爱尔修还是坚持让克里斯丁驾车带两个孩子回家。在临别前，爱尔修亲昵地吻了克里斯丁，他嘱咐克里斯丁开那辆保时捷，他觉得这辆车会更安全些。

　　晚上 10 时，爱尔修带着大女儿朱莉安娜回了家，他们打开门走进室内，发现客厅内的灯是关着的。爱尔修以为克里斯丁已经睡下了，他准备先在沙发上休息一会儿，可他刚坐下，朱莉安娜就跑过来说她妈妈并没有待在卧室，朱尼尔和 1 岁的艾利克斯也没有在家。爱尔修以为克里斯丁带着孩子们去买牛奶了。他先给克里斯丁打电话，可克里斯丁的电话并没有接通。

　　爱尔修并没有想太多，他嘱咐朱莉安娜先睡，自己在客厅等克里斯丁一会儿。这一等就是几个小时。随着时间的流逝，爱尔修愈发担心起来，他觉得事情有些不对，妻子是不可能在带着幼子的情况下在这种时候还不回家。爱尔修决定驾车在附近转一圈，看看能不能找到妻子。几番寻找无果之后，爱尔修决定向警方报案。

　　阳光岛警局的探员保罗·曼泽拉在接到爱尔修的报案后，便急忙赶到了爱尔修的公寓，此时已经是凌晨 3 点钟了。待在客厅内的爱尔修显得十分焦躁，他坐立不安。保罗一边安慰爱尔修，一边询问关于克里斯丁离开后的细节。在爱尔修提供的线索中，保罗发现一条重要线索——克里斯丁驾驶的保时捷停在车位中，但另一辆本该停在车库中的林肯越野车则不见了。保罗首先怀疑克里斯丁是否是与丈夫生气而离家出走的，但爱尔修帮他排除了这一点。

保罗决定去车库内搜查线索，在这里保罗发现了新的线索。他们在保时捷后边的地面上发现了一些可疑的暗色斑痕，这些斑痕和干涸的血迹很像，他们还在地面上发现了手印和指甲抓划的痕迹。除此之外，现场没有其他物品，现场的血迹斑痕有着向前拖动的痕迹，这让保罗立马意识到，克里斯丁和她的两个孩子很可能就在她们家被匪徒绑架了。

在核实地面上的斑痕就是血迹之后，阳光岛警局马上决定立案。因为案件涉及绑架幼童，联邦调查局马上加入了此案的调查。特工吉姆·刘易斯负责此案的调查。同样身为一名父亲，吉姆很明白爱尔修的心情，而涉及儿童绑架的案件也能使他集中全部精力。

案件的调查首先从询问这栋公寓内的每一个人开始，警方希望这栋公寓的居民曾经在案发当晚看到过一些异常情况或者陌生的人。目击者和公寓以及停车场的管理人员是警方询问的重点。在所有的询问对象中，停车场的管理员称自己没有看到异常现象，而一位居民则向警方称他曾疑似听到了停车场内传出的一名女性的尖叫声，当时他联系了保安，保安称在他们赶到的时候并没有发现异常，保安甚至以为这是一个恶作剧。警方调取了停车场内安装的监控录像，由于摄像头安装角度的原因，摄像头仅仅拍到了保时捷开进车库的这一画面，但之后发生了什么，监控并没有拍到。

在调查取证的同时，警方需要尽快确定克里斯丁的位置，他们现在有一个办法，那就是找到那辆丢失的林肯越野车。这辆车内有 GPS 定位系统，警方马上联系了这辆车的生产商，要求他们提供这辆车现在的位置。

此外，FBI 还调来了一架直升机，他们着手从空中寻找那辆越野车。在警方发出全境通告的同时，特工雷纳·麦克德莫特加入了此次调查。她和特工吉姆推测了许多可能发生的情况。他们怀疑克里斯丁被绑架一案很可能与钱财有关。

警方仔细调查了爱尔修和他的妻子克里斯丁的信息，爱尔修和克里斯丁都是巴西人，11 年前他们在迈阿密相遇并结婚，婚后生活幸福甜蜜。爱尔修曾是一名赛车明星，现在正经营一家生意不错的电子产品进出口公司，显然他是非常有钱的。警方在排除了爱尔修的嫌疑之后，认为绑匪很可能是冲着爱尔修的钱财来的。

联邦调查局在爱尔修的公寓设立了指挥中心，他们安排技术人员监听了爱尔修的电话和移动设备，以确保能够在绑匪打来勒索电话的时候确定对方的具体位置。距离克里斯丁被绑架已经 18 个小时了，如此长的时间，使得警方和爱尔修不得不做最坏的打算，没有人能够猜到克里斯丁和两个孩子是否还活着，也不知道他们是否正在遭受着苦难。

就在警方努力收集线索的时候，被遮住眼睛、堵住嘴巴、捆在椅子上的克里斯丁，正被关在一间密室中。她能听到隔壁绑匪的说话声和她儿子的哭声，她用尽力气挣扎，但显然无法挣脱绑匪特意定制的绳索。绝望的克里斯丁突然听到了开门的声音，绑匪将不断挣扎的她拖出了密室。

在强迫克里斯丁冷静之后，绑匪将克里斯丁眼睛上的眼罩拿开了。克里斯丁看到了绑架她的绑匪，这是一个长相凶狠的黑人。克里斯丁在看到对方的一瞬间就开始大声询问她的孩子，她不知道孩子们现在是否安全，她心里清楚，自己看到了绑匪的长相，这就意味着他们很可能活不久了。绑匪迫使克里斯丁冷静，他开始向克里斯丁讲述自己编造的谎言。

"我要帮你"，这是绑匪对克里斯丁说的第一句话，这句话不由得吸引了克里斯丁的注意力。接下来绑匪开始讲述他的故事，他自称是一名来自巴西的杀手，他受一个黑帮组织的雇用，要绑架克里斯丁一家并杀死他们，之后，他需要将克里斯丁一家人的尸体拍成照片邮寄给黑帮。就在他接触到克里斯丁一家之后，他突然改变了主意，他不想杀害这一家人，他现在想要保护这家人的安全，但他需要克里斯丁配合，并且这名自称杀手的绑匪着重强调了自己并不是为了钱财而绑架他们的。

就在绑匪讲完这个故事后不久，他竟然又向克里斯丁讲了一个新故事，推翻了他刚才讲的故事。在这个故事中，他说他和同伙已经跟踪克里斯丁一家很久了，但他觉得绑架克里斯丁一家的行为实在是太伤天害理了，他决定偷偷地保护克里斯丁。

克里斯丁不知道要不要相信这名绑匪的话，在混乱的思绪中，她仿佛回到了那个被绑架的晚上。那一晚，就在她停下车准备从后排座位中将放着小儿子的婴儿篮拿出来的时候，两名陌生人突然从她的身后冲了出来，这两个陌生人袭击了她，他们中的一个人用电击枪击中了她的右臂，婴儿篮从她的手中掉在了地上。克里斯丁被一名匪徒击倒在地，他用拳头狠狠地击打她的右脸，直到她神志不清。朱尼尔试图逃跑，但他也被匪徒的电击枪击中了。

匪徒将他们绑上车，丢进林肯车的后面。在车内，克里斯丁恢复了一些神志，她感觉自己被一个人踩在脚下，她用力挣扎并大声呼救，但儿子制止了她，他对克里斯丁说："妈妈，安静，否则他们会杀了我们。"

爱尔修非常配合警方的行动，对于自己没能和妻子一同回家他感到非常懊恼，但警方在毫无头绪的情况下还是决定对爱尔修进行测谎，测谎结果显示爱尔修并没有说谎。警方再次将怀疑的目光转向了公寓安保人员和代客泊车的吉恩·费雷拉。安保人员通过了警方的测谎，他们是清白的，而吉恩则有些不同寻常。

这名 22 岁的委内瑞拉人曾经受过爱尔修一家的恩惠，他在这里有一年的工作经验，爱尔修的家人非常信任他，他可以接触到爱尔修所拥有的所有车辆，这使他很有嫌疑，最重要的是他没能通过警方的测谎，因此吉恩成了警方怀疑的首要嫌疑人。尽管警方不能凭借测谎数据来抓捕审问吉恩，但他们可以通过监视吉恩来获取他们需要的其他线索。就在警方监视吉恩的同时，那辆林肯车的生产商称他们不能定位到这辆车，因为这辆车的定位系统已经被人为断开了。

捆绑和黑暗的环境让克里斯丁倍感煎熬，在和匪徒沟通之后，匪徒将绳子解开了，他允许克里斯丁去卫生间。在卫生间里，克里斯丁看到了自己高高肿起的脸，这半张脸已经完全变形了，上面满是伤口和干结的血痂。等克里斯丁情绪稳定之后，匪徒甚至允许她去见了她的儿子朱尼尔，并给了他们单独相处的时间。在和朱尼尔的谈话中，克里斯丁惊奇地发现，匪徒竟然教9岁的朱尼尔用枪，这让她不知道自己是否该相信这名匪徒。

短暂的会面马上结束了，匪徒将克里斯丁带回密室，他向克里斯丁保证，她和孩子都不会死，但他需要爱尔修和朱莉安娜。他试图说服克里斯丁，让爱尔修和朱莉安娜去一个安全的地方供他拍照，这样他就可以制作杀死他们全家的照片，以完成巴西雇主的任务。过了一会儿，匪徒让克里斯丁使用她自己的手机给丈夫打电话，他要求克里斯丁只能讲"我不去巴西"这一句话。

爱尔修家的电话响了，特工们马上开始行动，他们需要从这个电话中确定绑匪的位置，如果打电话的确实是绑匪的话。爱尔修听到了妻子的声音，但妻子口音很机械，她只是一遍一遍地重复着"我不去巴西"这句话。爱尔修以听不清妻子讲话内容为由，试图延长通话时间，但匪徒挂断了电话。通过这个电话，爱尔修确认了妻儿还活着，这让所有的营救人员都感到非常兴奋，至少他们还有希望。特工们确定这个电话是使用克里斯丁的手机打来的，通话时间只有30秒，这不能使特工确定克里斯丁的具体位置。克里斯丁同样不知道自己被囚禁在哪里，她只能看到关押自己的屋子很脏。克里斯丁已经有很长时间没吃东西了，她的脸也没有经过任何治疗，恐惧和无助使得克里斯丁渐渐地相信了这名匪徒。

不久，这名匪徒再次让克里斯丁使用自己的手机给丈夫打电话，让她说服丈夫与匪徒碰面。匪徒严格管控克里斯丁打电话的时间，他要求每次通话不能超过30秒。在电话中，爱尔修试图通过金钱来赎回克里斯丁，但匪徒不为所动。爱尔修想方设法地延长通话时间，他甚至故意与克里斯丁争执，称自己绝对不会同意匪徒的做法，但这一行为依然没能使通话时间得到延长，特工始终不能在如此短的时间内确定克里斯丁的位置。

周四，匪徒将克里斯丁带进了一间电脑室，他让克里斯丁给爱尔修写了一封信，在信中他让克里斯丁将他的谎话全写上，并要求爱尔修不得报警。在克里斯丁写完信之后，匪徒再次让克里斯丁给爱尔修打电话。在电话中，克里斯丁复述了匪徒的话，并称她会将一封信寄到EK3550126471S。在这次通话中，爱尔修要求与朱尼尔通话，他的要求竟然被匪徒允许了，尽管匪徒在朱尼尔只讲了两句话的时候便挂断了电话，但FBI的特工们依然确定了匪徒的大概位置（范围很大）。匪徒希望克里斯丁能够和他一起去见爱尔修，但他又害怕克里斯丁脸上的伤引起其他人的注意，于是他让克里斯丁用盐水清洗伤口。

在联邦调查局循序渐进地搜查他们定位的区域时，另一条重要线索出现了。监视人员发现吉恩·费雷拉通过公用电话打了一个时间很久而且情绪非常激动的电话。这个电话对FBI有着很大的帮助，他们知道，不管电话的另一端是谁，他都与这起绑架案有关。

FBI从网络运营商的手中得到了这次通话记录，记录表明吉恩是和一名46岁，出生于委内瑞拉的黑人男子伊文·马丁内斯通话。伊文现居住在距离阳光岛42千米以外的佛罗里达州肯德尔市。伊文就是这起绑架案的头目吗？FBI需要更多的线索。

此时，距离克里斯丁和孩子们被挟持已经过去了5天的时间，FBI必须与时间赛跑，把他们从死神的手中抢回来。当天下午，匪徒邮寄的信件到了，FBI想从这封信中得到新的线索，可是实验室并没能从信中得到任何有用的信息。

无奈之下，FBI 决定让爱尔修谎称自己同意带大女儿与匪徒会面，以此来延长通话时间。可能是爱尔修的妥协打动了匪徒，这次匪徒并没有及时挂断电话。下午 5 时，FBI 终于确定了一个准确的地址，这个地址距离爱尔修家只有 16 千米远。FBI 通过住房档案联系到了这个地址上的房主。从房主那里，他们得知房子已经在三周前租给了一个叫伊文·马丁内斯的黑人。

FBI 马上组织了特警队准备实施营救计划，特警们在迈阿密分局后的停车场中演练 FBI 制订的营救计划，他们不允许有任何差错出现。

当晚 10 时 30 分，特警们已经悄悄摸到了这栋囚困克里斯丁的房子，他们按计划行事。特警们会从房子的前后门同时突入，但就在他们行动的时候，前门处的破门器出现了故障，他们晚了几秒才将门撞开。撞门的巨大声音惊醒了匪徒，他勒令克里斯丁和两个孩子与自己一同待在浴室内，克里斯丁以为是匪徒的其他同伙要杀自己，她很配合这名匪徒的行动。

冲进屋内的特警在客厅的沙发上抓住了一名熟睡的匪徒——佩德罗·卡拉巴洛，随后特警们一间一间地搜索其余房间，他们在浴室内找到了克里斯丁和她的两个孩子，当时那名匪徒就站在门后，他没有枪械，在看到特警之后就选择了举手投降。克里斯丁在确认是警方营救自己后，才随他们转移到救护车上。

克里斯丁和孩子们活着，人们都沉浸在巨大的喜悦之中，他们成功地从死神手中夺回了 3 条生命。克里斯丁在医院内见到了爱尔修，这是联邦调查局送给爱尔修最好的圣诞礼物。

伊文·马丁内斯和佩罗德·卡拉巴洛被捕，在审讯中伊文对自己的罪行供认不讳。他们还将泊车员吉恩·费雷拉供出，随即吉恩被警方抓捕。至此，整个案件也水落石出。

在供词中警方发现，伊文并没有受雇于任何组织，他们只是图谋爱尔修的钱财。伊文的真正计划是一次性绑架爱尔修全家，然后用酷刑折磨他们，并从爱尔修口中得到银行账号和密码，最终杀死爱尔修全家，自己取而代之，从此过上富裕的生活。但他们在实施计划的时候，出现了差错，爱尔修并没有和克里斯丁一同回家。这种状况超出他们的意料，于是他们决定将错就错，先绑架克里斯丁和她的两个儿子，然后再用克里斯丁将爱尔修和他的大女儿诱出绑架。

吉恩是他们计划中最重要的一环，伊文正是通过吉恩得知了爱尔修一家的财产情况以及他们一家的出入规律。也正因为吉恩特殊的工作，才使他们有机会进入爱尔修的林肯车内。

2000 年，伊文·马丁内斯和吉恩·费雷拉被警方以合伙绑架勒索罪起诉，法院判其有罪，并判处二人终身监禁。佩罗德·卡拉巴洛因参与整个绑架案，被警方以同谋罪起诉，法院最终判处佩罗德 23 年监禁。

第十七章

亡命逃亡——连环枪杀案

　　在逃亡的路上，杰西依然不忘播撒自己所制造的恐惧，他用偷来的电话给他堂兄打了几个电话，让堂兄告诉其他人，只要他还活着，其他人就不会得到安宁，他会一直按照自己所设定的"名单"杀戮。

2000 年 4 月 10 日晚 11 时 33 分，路易斯安纳州普罗威登斯湖旁一座偏僻小镇中的一处住宅内，传出了激烈的争吵声。年仅 14 岁的布列塔尼·杜克斯正担心而又紧张地听着父母之间愈发激烈的争吵，她不知该怎么做，恐惧迫使她锁上了自己卧室的门。客厅里的争吵已经到了白热化阶段，布列塔尼的继父杰西·詹姆斯·卡斯顿用力将她的母亲安吉拉·卡斯顿推倒在地，这一举动深深刺伤了安吉拉的心，她决定报警。

藏在卧室内的布列塔尼听到母亲拨打 911，并对警方说："我丈夫正用枪指着我的头，在你们来这之前他就会杀了我。"听到这，布列塔尼迅速跳起来冲向紧锁的房门，她要冲出去制止继父，现在她只想让他停下来，不要做出伤害她的母亲的事情。可就在布列塔尼刚刚触碰到房门手柄时，客厅里传来了散弹枪沉闷而又巨大的响声，继父开枪了，他用枪对着母亲的脸射杀了她。

911 的接线员也听到了枪声，他们紧急出警，希望还可以帮到安吉拉。布列塔尼被枪声惊呆在当场，她不知该怎么办，直到继父开始拍门。杰西用力拍打着卧室的门，他让布列塔尼赶紧开门，呆愣愣的布列塔尼下意识地去开门，在她还没走到门前的时候，杰西已经破门而入了。杰西凶狠地盯着她，恐惧让她不知道该怎么办，布列塔尼只能不断重复地说着："别，杰西，别……""别什么？布列尼塔，你妈妈已经死了！"杰西一边说一边狠狠地盯着他的继女，似乎想要从布列尼塔身上看到什么。

过了一会儿，杰西看着呆呆站在一边的女儿说道："不要傻站着，去打 911 报警。"布列塔尼在杰西的监视下开始拨电话，杰西一边盯着布列塔尼一边往自己的散弹枪里面装子弹，在准备好武器之后，杰西对布列塔尼说："今晚会有很多人要死。"说完，杰西就大步走出屋子，快步走远了。布列塔尼在杰西走后急忙跑到母亲安吉拉身边，她同母亲说话，再次拨打 911，可她也知道即便是救护车赶到，也不能救活自己的母亲了。

就在布列塔尼再次拨打 911 的时候，当地警方已经赶到。尽管警长鲁迪·思瑞慈对杰西有着很深的了解，杰西曾经有过多次犯罪前科，但他依旧被杰西所犯下的罪孽震惊。就在警方采集证据的时候，他们再一次接到了报警电话，又是一起枪杀案，杀人者就是杰西。

这起枪杀案的事发地距离安吉拉的家不到两千米，住在这里的是安吉拉最亲密的朋友莎伦·麦金泰，杰西的另外一个继女布兰迪·华纳也住在这里。杰西在警方赶往安吉拉家的时候已经悄悄摸进了莎伦的家里，他轻车熟路地打开房门，径直走进卧室，莎伦和她的男友正在熟睡，杰西猛地打开卧室的灯，在莎伦和她男友惊醒的一瞬间朝着莎伦的脊背连开六枪，莎伦当场死亡。

巨大的枪声惊醒了布兰迪，在惊起的同时她听到了莎伦男友的惨呼："哦，莎伦！"紧接着她听到了继父杰西的声音，杰西正大声冲莎伦的男友叫喊，他让对方躺下，否则他马上就会开枪，接着杰西又大声问道："那个女孩在哪里？那个女孩在哪？"莎伦的男友惊慌地回答道："我不知道，伙计，我不知道。"

得知杰西的另一个目标是自己之后，布兰迪迅速藏进床下，她紧紧捂住自己的嘴巴，逼自己不要发出声音。没一会儿，布兰迪的卧室门就被杰西粗暴地推开了，他认真查看了房间，并搜查了衣柜，就在布兰迪认为他会搜查床下的时候，杰西却不知为何突然离开了。布兰迪马上报警，在得知自己的母亲也被杰西杀害之后，布兰迪彻底崩溃了，眼一黑昏了过去，她被布列塔尼抱在怀里，直到恢复意识，醒来时布兰迪已经被警方保护起来，他们担心杰西还会回来杀害布兰迪。

随后警方立即发出全境通缉令，杰西因涉嫌枪杀妻子和她最要好的朋友而被警方追捕。警方并不知道杰西的杀人动机是什么，又为何要杀死莎伦，这是有预谋的杀害还是随机杀害？他是否还会继续杀戮，或者将整个小镇的人统统杀死？为了避免这些事情发生，警方必须在最短的时间内将杰西抓获。

在莎伦遇害的几分钟后，两名隶属于普罗威登斯湖小镇的警官正在按时巡查，他们发现了一辆停放在小学操场旁的可疑车辆，就在他们使用仪器对这辆车做记录的时候，杰西突然从这辆可疑车辆的尾部出现，并在这两名警官没有意识到危险的情况下，近距离冲着侧驾驶室的警官开枪。杰西一共打了两枪，在确认自己击中之后，杰西迅速向黑暗中逃去。杰西是一个神枪手，他会使用多种枪械。两名警官身受重伤，他们在呼救的同时确定了杰西当前的位置，但在警方队伍赶来时，杰西已经消失得无影无踪。

杰西是土生土长的普罗威登斯湖本地人，他对生养自己的地方非常熟悉，所以他为自己制订了一条谁也猜不到的逃亡之路。在警方赶来之前，杰西已经穿过了这座校园，他再次越过一个棒球场，然后来到了一个家用游船码头。在这里他偷了一艘船，并趁着夜色消失在了普罗威登斯湖的湖面上。

在逃亡的路上，杰西依然不忘播撒自己所制造的恐惧，他用偷来的电话给他堂兄打了几个电话，让堂兄告诉其他人，只要他还活着，其他人就不会得到安宁，他会一直按照自己所设定的"名单"杀戮。

短短的几个小时之内，杰西就杀害两人并重伤两名警察，他的话和行为暗示着他有着更为庞大的屠杀计划。在这个特殊的时期，整个小镇的人都开始拒绝帮助警方，他们拒绝讨论任何有关于杰西的问题，因为他们惧怕杰西的威胁会变成现实，降临到自己身上。

2000 年 4 月 13 日，杰西消失后的第三天，警方再次加大力度搜寻这个当时最臭名昭著的亡命徒。在当地警方向路易安纳州的州警察局求助时，杰西已经找到了藏身之所。他穿过欧尼·威尔逊先生的房子，来到了欧尼家后面的森林中，在这里有一座流浪汉搭建的窝棚，杰西就待在这里，这个地方距离普罗威登斯湖小镇不足 8 千米。杰西非常小心地潜伏着，他仔细观察欧尼和他妻子的作息规律，并在他们离家之后前去盗取一些食物。

三日后，杰西认为时机成熟了，他带着散弹枪冲进欧尼家，抢走了欧尼身上的所有现金并挟持了这位长者。杰西用枪威胁欧尼使用自己的卡车将他载往得克萨斯州，在前往得克萨斯的路上，欧尼的卡车发动机出现了故障，在得克萨斯州马歇尔 120 号公路上坏了。无奈之下，杰西只能弃车逃跑，他搭乘一位过路人的汽车，再次返回了普罗威登斯湖小镇。

杰西不知道的是，他的这次逃亡过程看似有惊无险，实则已经犯下了致命的错误。在美国，绑架和非法穿越州界是联邦罪行，这会迫使 FBI 接手此事，FBI 会动用全国各地的力量和最先进的手段将罪犯绳之以法。

最初，FBI 派遣特工哈利·迪尔协助当地警方调查。FBI 特工通过特有的渠道得知杰西曾在得克萨斯州的卡车站停留过，但当他们赶到的时候，杰西已经走远，这时的杰西很可能已经穿越了其他州，甚至已经潜逃到了墨西哥。FBI 不得不做最坏的打算，他们决定封锁州界，当然他们并不知道的是，杰西已经回到了普罗威登斯湖小镇。

在这个经济落后的赤贫小镇，杰西和他的兄弟弗兰克·詹姆斯、桑尼·詹姆斯，是整个小镇上最有名的危险人物，他们从小就被父亲托奇·卡斯顿严酷地对待着。他们三兄弟几乎每晚都会被赶出家门过夜，在这些时候，孩子们要么去公墓寻求庇护，要么就和自己家养的狗睡在一起。在密西西比河上的堆栈岛上，杰西和他的兄弟们学会了足够多的野外生存知识。

前检察官布迪·考德威尔对杰西有着很深的了解，他曾经撤销过其他人对杰西非法破坏私人财产的指控，所以杰西对布迪心存感激，但是幼年的生活使杰西养成了暴躁而又凶狠的性格，他就像食肉动物一样，凶狠而残暴。

1988 年，杰西和弗兰克在一家本地餐厅外，因为一些矛盾而枪杀一人。在面对审判的时候，杰西称自己是出于自卫，但他最终被法院以过失杀人的罪名定罪。在法院开庭审理期间，杰西公然从东卡罗尔教堂逃脱，他连续逃亡了两个多月，并利用自己野外生存的技能成功躲过了警察和警犬的搜捕，但他最终还是不能忍受野外逃亡的生活而选择自首，他和弗兰克被羁押入狱。1996 年，在监狱里度过 8 年的杰西被释放，但是现在他又一次开始了逃亡。

FBI 在对杰西展开搜查的同时，也开始着手调查杰西暴起杀人的动机。他们通过调查杰西的同事，慢慢地探明了致使杰西杀人的原因。杰西曾经背叛了他的妻子安吉拉，他在外出工作的时候与一名住在该区域的女人发生了关系，并且被安吉拉所察觉。没有女人可以忍受这种背叛，愤怒的安吉拉约上自己的好友莎伦准备将杰西抓一个"人赃并获"，但是当天的上门"搜查"并没有抓到杰西，屋子里只有那个女人，善良的安吉拉并没有同这个女人大吵大闹，她甚至没有辱骂对方。

后来，杰西同意结束这段婚外情，但在之后的几天里，杰西开始表现得有些奇怪，他在同事的面前丢掉了工作时使用的靴子和服装，并说自己再也不需要它们了。

回到家的杰西和家人一同看了一个真实的纪录片，纪录片中的女主角将自己的丈夫送进了监狱。杰西一家对这一行为展开了讨论，安吉拉认为，女主角是在没有办法的情况下才将丈夫送进监狱的，但杰西马上就对安吉拉说："如果你将我送进监狱，我会杀了你。"安吉拉不想再理会杰西，她起身去洗澡。

在这期间，杰西跟他的情人通了电话，布列塔尼将这一切看在眼里，她认为杰西的这种行为是对自己母亲的不忠，于是便将这件事情告诉了安吉拉。安吉拉知道后，就开始指责杰西，随后指责马上就演变为激烈的争吵，在安吉拉报警的时候，杰西杀了她。

谋杀莎伦则完全是因为泄愤，在惨案发生前的一年，安吉拉和莎伦是住在一起的，每次杰西试图攻击安吉拉的时候，莎伦都会出来调停，她并不希望杰西和安吉拉在一起，从那时起杰西很可能就开始怨恨莎伦了。

尽管 FBI 得知了杰西的杀人动机，但这并没有对整个搜捕工作提供有效的帮助。联邦调查局地毯式地搜索了得克萨斯州，但他们也没有收获。警方所不知道的是，杰西在逃亡中先是搭车，然后又乘坐公共汽车到了路易斯安纳州塔鲁拉，来到了这个距离普罗威登斯湖仅仅只有 45 千米的地方。

回到故土的杰西很快就再一次找到了藏身之地。在当地，很多人都对杰西表示友好，并会主动隐藏他，对于这些人来讲，杰西的违法本性和叛徒性格就像是一个英雄。

杰西隐藏在他的一位远亲詹姆斯·凯利家中的一个废弃车库里，他们为杰西提供了食物和衣物，杰西在这里待了大约一周的时间。当然，詹姆斯所不知道的是，杰西和他的儿媳安德莱亚也有着不同寻常的关系，她很可能就是杰西的另一位情妇。

一周后，杰西找来了他的另外一个女朋友，她用车载走了杰西，至此杰西又一次消失在人们的视线外。

4 个月后，FBI 将杰西的名字列入美国联邦调查局十大通缉要犯的名单中，这也就意味着，美国联邦调查局会一直对杰西展开追捕，一直到他落网为止。对于 FBI 的特工来讲，抓捕名单上的要犯代表着一种荣誉。同时联邦调查局对本案的悬赏提高到了 5 万美金，如果有人能够发现杰西，并将他送进监狱，那他就可以得到这笔钱。

9 月 27 日，特工收到线报，杰西很可能回来了，联邦调查局再次展开行动，但仍然没有取得成果，一直到 12 月 13 日，杰西的情妇安德莱亚和她的丈夫布巴向 FBI 特工询问，是否可以得到 5 万美金，并将所有的罪名归结到杰西身上时，事情才出现了转机。5 日后，詹姆斯的家被付之一炬，当时家中只有 4 条狗，它们被大火烧死，这很可能是杰西做的。

第二天，詹姆斯的车在东卡罗尔教区密西西比河码头上被警方发现，车中有一具尸体，另一具尸体被丢在车子不远处，死者就是詹姆斯和布巴父子。所有人都怀疑这一切是杰西干的，但是没有人有证据指证他。

警方开始对杰西的父母和亲戚施加压力，他们使用先进的测谎仪判断出杰西近期曾在他父亲或者母亲的住处出现过。2000年12月20日早上，特工们联合警察搜查了杰西母亲和他兄弟的住宅，但并没有搜查到杰西。FBI决定在次日对之前已经搜查过的地方重新做一次补充搜查，并再次对杰西的父亲施加压力，但他却一口咬定他并不曾和杰西有过联系。

杰西父亲越是如此肯定，FBI就越怀疑，特工迪尔认为杰西这次一定隐藏在父亲家中。特工迪尔带着一名路易斯安纳州的警察悄悄从杰西父亲家的厨房摸了进去。即使是在中午时分发起的搜捕行动，特工们也没有得到任何光线的便利，杰西父亲家好像隔绝了所有光线一样，室内黑漆一片，他们不得不借助手电筒来为自己照明。特工们小心地穿过厨房、客厅，接着来到一间起居室门前。

在即将进入的时刻，迪尔认为自己应该更谨慎一些，他小心地蹲下，将自己的手电筒轻轻滚进起居室内，手电筒在向室内滚去的一瞬间照到杰西的脚，他正紧贴墙壁站着，距离迪尔仅有一步之遥。杰西在被手电照到的同时马上从墙边走开，他怀里抱着一只卡宾步枪，枪口正对着迪尔的脸。就在迪尔将手枪瞄准杰西的时候，让人意外的事情发生了，杰西突然将指着迪尔的枪对准了自己的下颚，他说道："我不想伤害任何人，出去！我不想伤害任何人！退到门口！"

为了避免误伤，迪尔身后的警员迅速抓住迪尔背心后的带子，将蹲在地上的迪尔拖了出去。迪尔大声要求杰西缴械投降，可杰西不为所动，他威胁迪尔，如果他们不退出这座房子，那他就会马上开枪。迪尔不希望枪战发生，他想让杰西冷静下来，于是就和其他人慢慢撤到屋外。

这时，路易斯安纳州的特种部队以及战术小组已经赶到，他们就像一张网一样，死死地将杰西困在屋中。迪尔试图同杰西交流，可杰西并不想和他交谈，他认为只有布迪·考德威尔可以解救自己，如果不能和布迪谈判，那他就会大开杀戒。

布迪在得到消息之后迅速赶到现场，他在特工的保护下走进屋子与杰西谈判，在谈判中，杰西告诉布迪他没有杀死詹姆斯和布巴，他希望得到宽大处理，并举出塞米公牛格拉瓦诺的案例（格拉瓦诺曾杀害很多人，但只被判刑 10 年）来为自己辩解。布迪听了杰西的要求之后对他说："我可以不判你死刑，但如果你想要逃脱应有的惩罚，那么杰西，你最好杀了我，真的伙计，如果我判你 10 年，那其他人也会杀了我，除非这些人都死了。"

听到布迪这样说，杰西竟然笑了起来，他知道自己不能为自己争取更轻的判决了，于是他请求布迪不要追究他父亲和其他曾经帮助过他的人。在得到布迪同意之后，杰西就表示投降了，他将弹夹和枪分开交给布迪，接受了警方的逮捕，结束了这次为期 8 个月的逃亡之旅。

两周后，杰西·詹姆斯·卡斯顿因杀死莎伦被指控一级谋杀罪，因杀死安吉拉被指控二级谋杀罪，因试图杀死警官而被指控两项一级谋杀罪。因为没有足够的证据证明杰西与詹姆斯和布巴的死有关，所以不能对杰西进行有效的指控。在接受法庭审判之前，杰西主动承认了自己所犯下的罪行，最终被法院判处终身监禁。

第十八章

绑架疑云——情节诡异的银行抢劫案

当地警方和FBI迅速赶到现场，特工杰夫·麦肯尼被暴徒的作案流程惊呆了，即便他在刑事犯罪上非常有经验，他也从未见过以这种手法成功抢劫一家银行的劫匪。在他所经手的银行抢劫案中，所有的抢劫犯都会在暴力冲进银行之后给出纳一个袋子，让出纳将钱装好然后带走，所以这起银行抢劫案堪称"完美"。

　　2000 年 11 月 22 日，在加利福尼亚州维斯塔市郊区的一处公寓外，一名全副武装的拆弹专家正小心翼翼地接近放在公寓门外草地上的 3 捆炸弹。他必须要在可控的范围内拆除这 3 捆炸弹，这是一个艰巨的任务。FBI 特工杰夫·麦肯尼正焦急地站在旁边的屋内观察着这名拆弹专家的动作，他要确保这 3 捆刚从被害人身上解下来的炸弹能够被顺利清除。此外，还有一个念头萦绕在杰夫的脑海中，他迫切地想要知道是谁策划实施了这起刑事案件，在他多年的办案生涯中，还从没有调查过策划如此周密的刑事案件。而这起案件，也会随着调查的深入显得愈发诡异。

　　整件事情还要从前一天晚上说起。2000 年 11 月 21 日晚，就在这处弃置炸弹的公寓内，米歇尔·蕾妮正和女儿布里亚在客厅内休息。今年已经 35 岁的米歇尔是该社区附近一家银行的经理。米歇尔非常宠爱布里亚，她刚刚为布里亚制作了她最爱的比萨，趁着比萨还热着的工夫，米歇尔准备和已经 7 岁的布里亚一同玩一局双人版超级玛丽，不一会儿，沙发上就不时传出了米歇尔称赞布里亚的声音。这样平静而又温馨的生活画面对于米歇尔来说是最正常不过的，她几乎每天晚上都会度过一个这样的夜晚，而今晚还会平静地度过吗？

　　就在米歇尔和布里亚沉浸在游戏中的时候，"咚"的一声爆响，惊呆了米歇尔母女。她们的家门被人踢开了，3 名黑衣人从外面冲了进来，米歇尔惊恐地大叫起来，她迅速将布里亚推向一边，希望布里亚能够从这群破门而入的暴徒手中逃脱，可房门到客厅之间的距离太近了，布里亚没有跑出多远，便被一名暴徒按倒在地。

　　此时，米歇尔也被一名像是头目的暴徒推倒在地，这些暴徒用手枪分别指着米歇尔和布里亚的脑袋。米歇尔惊恐极了，她不仅害怕这些暴徒会抢劫财物、强奸自己甚至杀人，她更害怕他们伤害自己年幼的女儿。米歇尔惊恐而又徒劳地呼喊着："No！No！No！"眼泪从米歇尔的眼中涌出，她不知道自己和女儿将要面对怎样的下场，她哀泣着请求这些暴徒不要杀死自己和女儿。

暴徒厉声喝止了米歇尔，他大声告诉米歇尔，如果她再发出声音，那他手中的枪就会打爆她的脑袋。布里亚听到暴徒要杀自己的妈妈，她哭泣着请求暴徒不要杀害她的妈妈。暴徒并没有理会这个哀求他们的小女孩，他们熟练地撕开自己随身携带的胶带将米歇尔的双手绑上。

这些暴徒将米歇尔拉起，让她跪在地上，直起身的米歇尔看到了正被一名暴徒按在地上的布里亚，她的头上同样被指着一把枪。布里亚也看到了跪在地上的妈妈，她以为这些人要杀死自己的妈妈，她焦急地喊着："你们是不是要杀死我妈妈？你们是不是要杀死我妈妈？"

这些暴徒并没有理会这名小女孩，他们反而向米歇尔询问她的室友什么时候回家，米歇尔哭泣着回答道："我不知道，我不知道。""别对我说谎！"这名看似领头的暴徒冷冷地用枪顶着米歇尔，他平静地说出米歇尔和她室友的生活规律，从这名暴徒的口中，米歇尔得知对方早在两个月前就盯上了她们。

在这名暴徒口中，米歇尔知道这些暴徒的行动都是有预谋的，这使她想起了女儿曾经在晚上看到有人偷窥她，因为当时米歇尔并没有发现偷窥的人，所以她没有十分在意。现在看来女儿看到的是真的，只不过监视她们的人不是一个是三个。

在恐吓过米歇尔之后，匪徒从他们带来的提包中拿出了一捆炸弹，然后他又从口袋中拿出了一个装有红色按钮的遥控器。匪徒将这两样东西拿到米歇尔面前，他威胁米歇尔，如果她不能帮助他们抢劫自己所任职的银行，那她和她的女儿都会像绑在炸弹上的肉块一样灰飞烟灭，并且他们会让她的女儿布里亚先死在她面前。

距离天亮还有 12 个小时，这 12 个小时漫长得就像是一次地狱之旅。在这漫长的等待中，米歇尔得知了那名个头最矮、拿枪指着自己女儿的暴徒叫"骨头"，他的同伴都这样称呼他。而看起来像是头目的那名暴徒则负责看守自己，另一名块头最大、个子最高的暴徒叫赫尔歇，他被安排看守前门。这伙暴徒还使用对讲机向一名叫"钱小二"的同伙通话，这是一名女暴徒，她负责望风。

晚上 11 时，车灯闪过公寓的窗户，米歇尔的室友到家了，她刚打开卧室的门就被躲在门后的暴徒勒住了脖子，米歇尔的室友被那名叫赫尔歇的匪徒拖进了卧室，她不知道室友在那里即将遭遇什么，这让她感到很担心。过了一会儿，米歇尔的室友被赫尔歇拖到了客厅中，他将同样被绑着双手的女孩丢进沙发中，但这名女孩依然不停地挣扎反抗，她不断大声咒骂这群暴徒，直到匪徒头目用他的枪抵着这名女孩的脸，女孩才不得不停了下来。

米歇尔害怕匪徒伤到室友，就用肩膀撞开了匪徒的手枪，但匪徒随即将手枪指向米歇尔，他看着米歇尔认真地说："你如果敢再碰我一次，我就会将你的脑袋打烂，就在这里，现在就打！"威胁过米歇尔之后，匪徒用胶带封住了那名女孩的嘴巴，他们开始不停地嘲弄这些被他们捆起来的人质，他们故意讲一些粗俗而又无礼的词汇，这些词汇让米歇尔感到恐惧，她害怕这些暴徒会起其他心思。

过了一会儿，两名匪徒走到一边去抽烟，这让米歇尔松了一口气。很快另一名匪徒也加入了，他们肆无忌惮地坐在客厅内抽烟、抽大麻、看电影、吃东西、喝可乐，他们甚至打开电视看了一部电影，随后这些人又开始听音乐。如果将被绑架的米歇尔三人忽略掉，那么这 3 名暴徒的行为看起来就像是在开蒙面派对，他们就像在自己家中一样轻松自在。

天色在米歇尔的期盼中慢慢亮了，匪徒强迫米歇尔准备上班，他让米歇尔去浴室洗澡，而米歇尔的女儿不愿意和她分开，匪徒便同意米歇尔带布里亚一同洗澡。匪徒就站在浴室外，浴室的门敞开着，这样匪徒可以通过敞开的门监视米歇尔。整个沐浴的过程就像是一部慢动作电影，米歇尔担心这很可能就是自己人生中最后一次见到女儿了。她关掉水龙头慢慢地擦拭布里亚的脸。在米歇尔看来，如果这是人生中最后一次抚摸女儿的脸，那这次抚摸就有着太多的意义。

劫匪在米歇尔穿好衣服之后命米歇尔掀起她的上衣，他们将炸弹用胶带绑在米歇尔的后背上。随后，劫匪们又将炸弹绑在布里亚和她们的室友身上。在做完这些之后，劫匪们给了米歇尔 5 分钟的告别时间，他们告诉米歇尔，如果她把事情搞砸了，那她就永远也不可能再见到布里亚了。

在最后的告别中，米歇尔一边抚摸布里亚的头发，一边对她说："你就是妈妈的一切，在妈妈决定生下你的时候，你就是妈妈期盼和梦想中的孩子，妈妈爱你。"在米歇尔讲话的时候，布里亚很安静，她没有过多讲话，但她的眼神就像是在告诉米歇尔："妈妈要坚强，妈妈我相信你能救出我的。"

一直到米歇尔在匪徒的要求下离开时，米歇尔才听到了布里亚的叫喊。布里亚大声呼唤她的妈妈，她不想让妈妈离开自己，她不想妈妈一个人去冒险。可米歇尔不能回头，她必须完成拯救自己女儿的使命。

米歇尔和往常一样驾车驶往银行，但今天她的车后座上多了一条毛毯，毛毯中藏着劫匪头目，他在毛毯中全程监视米歇尔并向米歇尔发布命令。劫匪告诉米歇尔，她必须在运钞车进去后的 5 分钟之内将钱装进准备好的手提箱中带出来，如果她做不到或者试图报警，那她就必须做好女儿和室友一同变成一堆碎肉的准备，而她也会被处死。

米歇尔带着炸弹和手提箱走进银行，她强迫自己勇敢起来，最起码让自己表现得像往常一样，但显然她做不到，脸色惨白的她看起来和往常乐观开朗的米歇尔完全不同。米歇尔的同事洛蕾塔·迈尔斯跟米希尔打了招呼，洛蕾塔今天来得有些晚了，她向米歇尔汇报了这一情况，但米歇尔只生硬地说了一句"没关系"，便提着箱子走向自己的办公室。

到了办公室之后，米歇尔习惯性地拿起电话查看语音信箱，但就在她拿起电话之后，她马上意识到，自己的这一举动很可能让劫匪误认为她要打电话报警，她非常恐惧、懊悔，不知道自己该怎么办，脑袋内一片混乱。随着时间的流逝，米歇尔显得越来越焦灼，她一遍一遍地查看挂在墙上的时钟，时钟每走一秒钟就像炸弹"滴答"响了一声。

运钞车终于来了，米歇尔提起手提箱，从洛蕾塔手中接过了开门点钞的工作，洛蕾塔虽然觉得有些奇怪，但她并没有多想。米歇尔走进仓库，放下手中的手提箱，从运钞保安手中接过表格签字，然后送走保安，并叫进一名出纳帮她点钞。在仓库内只剩下出纳和她之后，米歇尔首先要求出纳保持冷静，她要给出纳看一点东西。米歇尔将自己的衬衫撩了起来，出纳看到了她身后绑着的炸弹，出纳有些不知所措，米歇尔镇定地告诉出纳，她要将这些钱带走，她让出纳在自己离开后告诉银行准备停业，并提醒她不准报警，否则那些暴徒就会炸死她和她的女儿。

出纳同意了米歇尔的请求，她看着米歇尔将这一大笔钱带出了金库，在米歇尔走过大厅的时候，不明真相的洛蕾塔走了过来，她有一些问题想要询问米歇尔，但米歇尔让洛蕾塔自己处理这个问题，将洛蕾塔打发走之后，米歇尔便带着手提箱走出了银行。

上午9时，米歇尔带着36万美金从银行内走出，她将这笔钱带进自己的车内并交给藏在毛毯中的匪徒。匪徒要求米歇尔将车开到银行附近的一座公寓旁，等到米歇尔将车开到公寓旁之后，暴徒要求米歇尔下车，而他自己则坐进了驾驶室。做完这些，匪徒就要驾车逃走，但他并没有按照之前的约定帮米歇尔解掉后背上的炸弹。面对米歇尔的疑问，暴徒告诉米歇尔，她只要朝着来路走，就一定会发现她的吉普车。

说完这些，暴徒就直接将车开走了，米歇尔非常担心，她害怕这些歹徒说谎，她将高跟鞋脱掉，赤脚跑向来的方向，在转过几个胡同之后，米歇尔看到了她的吉普车，车门打开着，车钥匙就在车上。米歇尔迅速发动车辆，以最快的速度朝家赶，她现在非常担心女儿的安全。

赶到家的米歇尔大声呼喊女儿的名字，她在卧室内找到了布里亚和室友。万幸的是，布里亚和室友都很安全，她们被匪徒绑在床上，而她们身上的炸弹已经被解除了。米歇尔迅速帮她们解开绳索，室友帮她解下了绑在背上的炸弹，她们小心翼翼地将炸弹拿出公寓丢在室外，因为担心炸弹随时会爆炸，米歇尔 3 人逃向住在附近的邻居家，在这里，她的邻居帮她报了案。

当地警方和 FBI 迅速赶到现场，特工杰夫·麦肯尼被暴徒的作案流程惊呆了，即便他在刑事犯罪上非常有经验，他也从未见过以这种手法成功抢劫一家银行的劫匪。在他所经手的银行抢劫案中，所有的抢劫犯都会在暴力冲进银行之后给出纳一个袋子，让出纳将钱装好然后带走，所以这起银行抢劫案堪称"完美"。

警方的当务之急是尽快将炸弹拆除，但就在 FBI 拆弹专家接近炸弹之后，他同样吃了一惊，这 3 捆炸弹竟然是假的！这一发现让 FBI 证据鉴定小组组长巴里·维吉奥尼加入了此案，他将这些假炸弹取走化验。最后他们发现，这些假炸弹是匪徒在一些木棍外面涂上红漆，做出炸弹的外形，然后再用黑色电线伪装成雷管，并在上面缠上黑色胶带，在木棍的两端接上黄色、黑色或红色的电线，这些手段让这个炸弹被做得惟妙惟肖，没有见过炸弹的人如果不接触、不仔细分辨，根本不可能分辨出这些东西是不是真的炸弹。

FBI 知道他们要面临新的挑战了，策划这起案件的人一定是一个狡猾而又危险的人。他们首先对犯罪现场进行了搜查，但并没有得到有用的线索。这让警方将这些人划到了专业罪犯的范畴中，这些人很可能在干完这一票之后就离开了，这会让警方很难抓到他们。

缺少证据的警方询问了米歇尔，他们从米歇尔的描述中得到了这些匪徒的身高、体重和身形信息，他们知道这群匪徒都戴着滑雪面具改装的套头帽（在帽子上挖出可以露出眼睛、嘴巴的孔），从恐惧中恢复过来的米歇尔带着警方回顾了整个案发过程，警方证实米歇尔所讲的故事是真实的。在回顾这起绑架抢劫案的时候，米歇尔还向警方提供了一条重要线索。

米歇尔觉得她认出了匪徒露出的眼睛，而且匪徒的声音与她猜测的人相符。米歇尔对警方称这名匪徒曾以向银行贷款为由来过银行，当时这名自称做摄影生意的黑人一本正经地和米歇尔交谈，而在他们谈话的过程中，另一个女人走进了米歇尔的办公室，将这名男子叫走了。米歇尔称这个女人的声音和在匪徒的对讲机中传出的女性声音相同，她听出了这个声音。米歇尔认为自己的家庭成分和工作身份使她成为匪徒绑架的目标，这名自称商人的匪徒曾在她的办公桌上看到了她和布里亚的照片，而这些照片中没有任何一名男性，这就表明米歇尔是一名单亲妈妈，这很可能就是匪徒绑架她的原因。

米歇尔记得这名男子曾给她提供了一张名片，她将这张名片交给了FBI。很多警探都认为这是匪徒转移警方视线的手段，但当特工们将这张名片上的名字——克里斯托弗·巴特勒输入电脑的时候，意想不到的事情发生了，这张名片是重要线索。警方发现巴特勒有过重犯罪记录，这名黑人曾参与过一起发生在亚特兰大的运钞车抢劫案。这让 FBI 认为，这名黑人就是他们要找的人，巴特勒成了 FBI 的首要嫌疑犯。

很快 FBI 就找到了巴特勒的住处，巴特勒住在加利福尼亚州欧申赛德城外 27 千米处的一个公寓中。FBI 迅速申请了搜查令，他们在抢劫案发生后的第 10 天突袭了巴特勒的这处住址。虽然警方没有找到巴特勒，但他们在这里发现了大量线索，这些线索包括银行劫匪所使用的滑雪面具以及他们制作炸弹所使用的木棍、电线、胶带和红色喷漆。

就在 FBI 搜查过巴特勒住处后不久，FBI 实验室从假炸弹上面发现了一个清晰指纹，显然这是匪徒在查看木棍上的漆干没干时不小心留下的，而这个指纹与克里斯托弗·巴特勒的指纹完全相同。因此，FBI 将巴特勒认定为这起抢劫案的主犯。再结合米歇尔对其他匪徒的描述，特工们认为巴特勒的室友克里斯托弗·哈金斯与巴特勒的女友是另两名从犯，当局立即下令抓捕这 3 名嫌疑人。

一周后，警方得到突破，他们在高速公路上抓获了巴特勒和他的女朋友。巴特勒和他的女友在被捕之后显得有些奇怪，巴特勒不仅没有反抗，而且他还全程保持沉默和冷静，这种表现与巴特勒的性格不符，这让特工们有些担心。回到警局后，克里斯托弗·巴特勒依然拒绝开口，而他的女朋友则在 5 分钟后开口了，但从她所提供的证词中，警方不得不再次改变调查方向。

就在警方逮捕巴特勒的同一天，第三名嫌疑人克里斯托弗·哈金斯的行踪被警方掌握。哈金斯曾委托一名朋友帮自己藏匿 9.4 万美元的巨款，他的这名朋友联系了警方，把这笔钱上交并和警方合作，不久哈金斯被警方抓捕。而另一名嫌犯也被警方确定身份，这名叫罗伯特·伯恩斯·奥蒂兹的白人男子已经潜逃许久了。两个月后，警方从罗伯特前女友那里得到了罗伯特的具体位置，他们很快就将这名嫌犯抓捕。

在所有嫌犯全部落网之后，警方开始审讯这些人的作案细节。而此时，警方需要考虑的是巴特勒女友供词的真实性。在她的供词中，巴特勒还有第五名同伙，那个人就是米歇尔。巴特勒的女友称自己在整个抢劫过程中负责无线电和维持与巴特勒之间的联系，这让她在一次偶然的机会下得知米歇尔也曾参与到这起抢劫中。她声称米歇尔·蕾妮从头到尾都参与了此次行动的谋划，否则这次抢劫也不能如此精准地计算好时间，而且这次抢劫金额巨大，这说明米歇尔知道这一天会有大量现金被送入银行。这些供词和推测让警方开始怀疑米歇尔是否参与了此次抢劫。

FBI 决定调查米歇尔，而这次调查让 FBI 感到不安，米歇尔有 6 个兄弟姐妹，她成长在非常混乱的家庭中，她家里总是缺少金钱。窘迫的生活让米歇尔在 16 岁之后便离家出走了，她开始在一家饭店做服务员，但她交了一名很坏的男朋友，她的男朋友用暴力胁迫她贩卖毒品，那段时间米歇尔甚至连个住的地方都没有，她被迫流落街头。18 岁时，米歇尔开始做脱衣舞女。不久之后，米歇尔又伪造信息在一家银行找到了工作。从此之后，米歇尔白天在银行上班，晚上去做脱衣舞女，这种状况一直到她 23 岁的时候才出现改变，她结婚了并决定要一个孩子。

在此之后，米歇尔再也没有去跳过脱衣舞，她开始在银行做全职，接受不同的课程培训。米歇尔在她 28 岁的时候生下了她的女儿，而这时她已经离婚了。此后，米歇尔在事业上平步青云，她很快就坐上了经理职位，但她的个人财务状况很差。就在这起抢劫案发生前不久，米歇尔曾以申请破产来偿还自己欠下的债务，米歇尔称这些债务是婚姻期间欠下的，自己一个人无力偿还。从财务方面看，米歇尔确实有作案动机，但 FBI 并不认为这些信息就能迫使米歇尔放弃一切，甚至放弃她的女儿铤而走险。

在此案的庭审期间，辩方律师显然将米歇尔以前的经历和她破产这两件事作为主要辩护理由，他指责米歇尔就是这起抢劫案的主谋，这一情况让警方所掌握的大量证据都失去了应有的作用。

陪审团和法官在查看证据之前，首先要确认米歇尔和辩方律师之间到底谁说的是真的。在经过 5 天的审理之后，陪审团决定相信米歇尔，在宣判的时候，所有关于绑架米歇尔的指控都被撤销了，法官只审理了匪徒绑架米歇尔女儿布里亚和她室友的指控。

最后，法院判决克里斯托弗·巴特勒终身监禁，而对于巴特勒的女友，法官认为一切指控都不成立，因此她被无罪释放。此外，另两名从犯克里斯托弗·哈金斯和罗伯特·奥蒂兹对自己的罪行供认不讳，他们同样被判处终身监禁。

　　不管审讯的结果怎样，米歇尔都需要重新开始自己的生活，这起绑架案和辩方律师的指控已经使她丢掉了原本拥有的一切，但她必须坚强起来，因为她的女儿布里亚依然陪在她的身边，这就是她不断奋斗的动力。

第十九章

插翅难逃——"得克萨斯州之七"越狱抢劫杀人案

　　接到报案后，FBI迅速派特工包围了这座公园，他们通过狙击枪上的望远镜看到了乔治团伙的位置，他们占据着整个营地的最高点。虽然掌握了乔治团伙的具体位置，但是如何在公园内实施抓捕就成为FBI最头痛的事情。他们首先要保证其他人的安全，还要确保不能惊扰到犯罪团伙，不能有人被犯罪团伙所挟持。

2000 年 12 月 24 日，美国各地都在为即将到来的圣诞节做准备。夜深了，得克萨斯州欧文社区内显得有些寂静。就在这时，一辆 SUV 慢慢开到了欧文社区内的超市门前。开车的是一名 20 岁的白人孕妇——米思提·辛普森，她的孕期已经满了，孩子随时都有可能出生，她想在圣诞来临之际生下肚中的宝宝，这是一个令人难忘又非常有意义的日子。米思提在车内等待她的丈夫迈克尔·辛普森下班，迈克尔就在这家超市内工作。没一会儿，迈克尔从超市内走到车边，他有些抱歉地看着米思提说："亲爱的，可能要晚一会儿，有几个客人还在，等我几分钟好吗？"米思提非常善解人意，她温柔地点了点头，可她不知道的是，迈克尔马上就要面对一场噩梦。

超市内零散地待着几名客人，有两名穿着制服的男人，一直在询问超市的工作人员是否有注意到超市内有人偷窃商品，他们还将迈克尔等人召集到身前辨认他手中拿着的小偷照片。迈克尔等人没有理由拒绝对方合理的要求，他们走到这名男子身边辨认他手中的照片。

据迈克尔事后回忆，这名身穿制服的男子看起来确实像一名警官，他身上的徽章和制服都是真的。就在迈克尔等人围在这名"警官"身边的时候，超市内的几名"客人"也悄悄地围拢在这些店员身旁。一刹那间，局面发生逆转，这名面色平和的"警官"和围在外围的"客人"突然拔出手枪指着迈克尔等人，他们命令迈克尔等人将报警电话拔掉，让迈克尔和其他店员像跳兔子舞一样排成一排（后一人的双手搭在前一人的肩膀上）。迈克尔从这些人杂乱的呼喊中知道了对方是抢劫犯，他们不敢反抗，这些人手持大量枪械，谁想要做英雄，谁就会死。

迈克尔和他的同事们被这些人搜了身。这时，迈克尔发现对方一共有 7 人，他们手里都有武器。这 7 个人将迈克尔等人赶到超市的员工休息区，他们让迈克尔等员工（17 人）将身上穿的员工制服脱掉，然后自己换上。在超市后的休息区，店主陈列着很多种枪械，但迈克尔等人已经被这 7 个人用绳子或者腰带捆了起来，他们命令店主将超市的保险柜打开，将里面的钱和店内的枪械全部装了起来。

就在这些人装钱和武器的时候，守候在店外的米思提察觉到超市有些异常，但她只看到了店员们走向休息区的一幕，看起来像是员工们要开一个内部会议。这种现象迷惑了米思提的判断，她不能确定超市内发生了什么。米思提决定给她的朋友打一个电话，她需要有人帮她确认超市内是否发生了状况。几分钟后，米思提的朋友赶到，她确认超市内确实出了状况，担心丈夫的米思提马上拨打了 911 报警。

同一时间，警官奥布里·霍金斯正在和他的妻子以及儿子共进晚餐。就在他们开心地聊着生活趣事时，奥布里接到了警局安排的任务，他们要求奥布里迅速赶往事发地点。警员身上都带有定位以及语音系统，案发当时，奥布里距离事发超市最近。奥布里马上起身赶往超市，他在临走之前吻了儿子的额头，并向他们保证自己马上就会回来。当时警方认为超市内只是出现了可疑情况，所以他们只派遣了奥布里一个人赶往现场调查，而奥布里也不知道，这一吻将是他对儿子的最后一吻。

就在奥布里赶往超市的过程中，超市内的抢劫人员正在搬运他们选中的物品。这些人从保险柜中拿走了 7 万多美金，他们还拿了许多衣服、鞋子以及露营时使用的睡袋、帐篷。他们将这些物品搬到了从超市老板手中夺来的福特汽车内。就在这些小偷们将所有货物搬上汽车准备离开的时候，奥布里警官开着警车赶到了，他的警车刚好挡在这些抢劫犯即将逃亡的方向。

就在奥布里发现这些抢劫犯的同时，这几名抢劫犯也发现了奥布里。当时奥布里并不曾想到自己会受到攻击，他第一反应就是通过肩上的警用对讲机向警局汇报情况，可就在他偏头的一瞬间，这些抢劫犯几乎同时掏出了别在腰间的手枪，他们疯狂地向奥布里的警车射击，巨大的枪声划破了冬夜的寂静。超市员工祈祷的警方终于来了，但他却是顶着匪徒的枪林弹雨而来。

奥布里·霍金斯警官身中 11 枪，在确认警察已经不能行动之后，这些匪徒冲向偷来的汽车准备逃走，可奥布里驾驶的警车刚好挡住了他们前行的道路，一名匪徒冲下车将奥布里从警车内拖了出来，他先冲着已经死去的奥布里打了一枪，然后才将这辆警车倒在一边。随后，这些匪徒驾车从奥布里警官身上驶过，向远方潜逃。

奥布里·霍金斯的尸体从犯罪现场抬了出来，后面还跟着他的妻子和他年仅 9 岁的儿子。尽管人们都很悲痛，但他们依然不能让他的尸体"休息"，法医要尽快对奥布里的尸体做尸检。奥布里身上满是弹孔的警衣被拿走取证，这件警衣将成为那 7 名凶徒杀害警察的罪证。

数十名欧文社区的警察梳理了案发现场，他们发现这起抢劫案是一起"占领式的抢劫"，抢劫的人并非是一群为了钱财铤而走险的街头罪犯，他们有着极强的组织性，就像"恐怖组织"一样。

在警方推测这 7 名罪犯的身份时，一名欧文警探突然想起一条 11 天前 FBI 发布的通缉令，有 7 名犯有不同罪行的罪犯突破了圣安东尼奥市的监狱安全体系，成功越狱了。这 7 人也被 FBI 以"得克萨斯州之七"命名。FBI 知道，这些聚在一起、有组织、有目的（警方尚不清楚）的暴徒有着多么强的破坏性，没有人能够预测到他们想要做什么，也没有人能够预测到自己会不会遇上这些全副武装的暴徒。

联邦调查局与得克萨斯州刑事司法部直接介入此次抢劫袭警案。乔治·里瓦斯就是这 7 名匪徒的首领，FBI 知道乔治是一个典型的自我陶醉者，他只关注自己的形象，他组织这场越狱的根本目的其实并没有为其他几名凶徒着想，他只是为了让自己更出名。30 岁的乔治因为以极端暴力的形式扫荡了一家超市以及曾暴力绑架而被警方抓捕，他在监狱里待了 18 年，直到他越狱为止。

　　乔治心里很清楚，他们已经杀了一名警察，这会让他们没有任何回头路可走，如果被警方逮捕，那等待他们的只有死亡。乔治决定加大赌注，他们需要在警方封锁州界之前逃出去，而逃出得克萨斯就是他的第一个计划，他绝对不会束手待毙。

　　"得萨克斯州之七"有着极强的组织性和隐秘性，这种特性直到他们越狱的那一刻才被警方察觉。2000 年 12 月 13 日，被誉为圣安东尼奥市"最强大安全机构"的州立监狱内正悄悄酝酿着一起越狱。

　　乔治·里瓦斯早在几个月前就已经开始物色他看上的"同行者"，他会精心挑选另外 6 名同伴，这 6 名同伴会随他一同逃出这所监狱。最终，乔治选中了迈克尔·罗德里格斯，一个与他人合谋杀死自己妻子的死刑犯；约瑟夫·加西尔，一个组织型杀人犯；拉里·哈帕，一个强奸犯；兰迪·哈帕林，一个虐待孩子的暴力狂；帕特里克·墨菲，一个会使用致命武器的凶徒；唐纳德·纽波利，一个暴力抢劫犯。这些暴力罪犯最终选择听从乔治的指挥，他们共同设计了一个越狱计划。

　　乔治与他选的 6 名凶徒在一个维修单位工作（服役）。在逃走的那天早上，乔治事先安排 6 名同伴藏在维修间内，由他出面一个一个地将管理这个维修车间的 9 名平民主管以及 4 名狱警骗进维修间，并将他们制伏。在将这些狱警和主管捆起来并堵上嘴之后，乔治他们将这些人的衣服鞋子脱掉，替换了自己身上所穿的囚服。

　　接下来，他们要做的就是摧毁能够监控整个监狱的指挥塔（其实就是监控中心）。乔治亲自换上维修人员的制服，他以检查指挥塔电子系统为由请求进入指挥中心。指挥塔很快批准乔治进入，乔治非常冷静地接近指挥塔操控人员（一人），他很自然地和管理指挥塔的警官打了招呼。

　　乔治看到警官的配枪就放在办公桌的外侧，他走近办公桌，自然地将工具箱放在靠近办公桌的地上，等乔治直起身的时候，他顺手拿起这把 357 配枪假装很好奇的样子一边打开弹夹（其实是查看子弹），一边向警官问

"是这样用吗？"，就在警官制止他的时候，乔治已经拉开了手枪保险，他将枪口对准了这座监控塔内的唯一一名警官。就这样，乔治轻易控制了整个监控中心。

在控制了监控塔之后，乔治叫来其他人，将塔内存放的警枪全部带走，这些枪里面还包括一支可以穿透防弹衣的柯尔特 AR—15 冲锋枪。在做完这些之后，乔治又偷了监狱内用来做维护的卡车，他们在卡车的车斗内放置了一个小型的"特洛伊木马床"（由木板搭建可以藏人的床型构件），他们在这里面藏了 4 个人，其余几人以市民维修工的身份驾车驶出监狱。据这 7 名犯人回忆，他们在驾车逃跑的时候一直在背诵《圣经》，他们祈求上帝能够带给他们好运。看起来好像是这样，他们成功逃离了监狱。

当得克萨斯州刑事司法部收到犯人越狱这条消息的时候，乔治他们已经消失在警方的视线里，尽管监狱在一个小时内就发出了紧急预警信号，并通知了当地警方、联邦调查局以及其他所有执法机构，他们动用了所有能够动用的人力搜查各个区域，但是一个小时实在太久了，久到乔治团伙可以做太多的事情。

FBI 向这 7 名已经潜逃的罪犯家中各派遣了一名侦探，他们希望这些罪犯会联系家人。向家人求助是所有人在面对困难时的共同选择，而逃向自己熟悉的区域会增加他们的存活概率，这是人类的共性。但他们失算了，乔治在越狱成功之后便严厉告诫了他的所有"队员"，他不准他的"队员"联系家人，因为这不仅会使自己被警方抓获，还会让自己的家人受到牵连。

两个小时后，警方在一个距离监狱 8 千米远的沃尔玛大型超市内的停车场中，发现了那辆被乔治团伙偷走的维护卡车，但车内没有一人，而整个商场也没有其他车辆被盗。尽管商场的部分摄像头记录了乔治等人弃车时的景象，但仅有的一个自动监视器并不能记录乔治是如何离开的。FBI怀疑乔治团伙很可能得到了其他援助。

FBI 决定扩大搜索范围，并增加路障排查区域。24 个小时后，警方没有任何线索。当局怀疑由乔治带领的团伙很可能已经跨越边境进入了墨西哥。但就在所有人都认为他们会通过边界州逃向墨西哥的时候，乔治一伙则反其道而行之，他们顺着相反的方向逃走了，这让他们瞬间跳出了警方设置的包围圈。

9 天过去了，警方依然没能掌握任何与乔治团伙有关的信息。这群暴徒在乔治的带领下非常低调，他们住最便宜的廉价旅馆，他们努力改掉监狱中养成的习惯（比如在监狱中用餐之后会用毛巾将餐叉擦干净），他们甚至改变了头发的颜色并蓄起胡须。这些行为让他们看起来和现实中的普通民众没有差异，警方渐渐地开始怀疑这些人是否已经分开潜逃，可乔治团伙知道，在没有弄到身份信息之前，他们是不能做这样的决定的。

得不到任何线索使得警方十分懊恼，这种状况一直延续到圣诞节前夕。在欧文社区的一家运动品商店内，警方再次得到了这群逃犯的线索，但警方付出的代价是，一个警官的生命。乔治团伙在洗劫了这家商店之后，已经拥有了近 60 支枪和 7 万美元现金，拥有这些物资的匪徒会变得空前强大。

警方从奥布里·霍金斯身上取出的子弹判断出，当时至少有 5 支枪向他射击，这就意味着 7 名逃犯中的 5 人积极参与射杀这名警官的行动。在这起案件发生后不久，警方在距离案发地点不足 800 米的位置发现了逃犯乘坐的汽车。他们在车内发现了血迹。

FBI 实验室对这些血迹进行了采集化验，他们发现这些血迹分别来自 3 个不同的人，其中一个和奥布里·霍金斯警官相符，而其他血迹明显来自匪徒。这些血迹意味着，当这些匪徒射杀奥布里警官的时候，警官曾开枪还击，并使匪徒中的某人受伤。这是一条重要线索，警方迅速封锁了整个区域内的诊所，但他们并没有找到乔治等人。

与此同时，因为乔治团伙案件一直没能取得有效的进展，该案的负责人丹妮·戴芬巴特批准，任何向警方提供对抓获乔治团伙有利信息的人都可以获得 1 万美金，如果有人能够抓获乔治团伙，那么他们可以得到 5 万美金。虽然这是一笔巨款，但没有人愿意招惹这群携带大量武器的凶徒。2000 年 12 月底，逃犯已经潜逃两周了，他们很可能已经逃到了几千里以外的地方，警方依然没能掌握逃犯的踪迹。

就在警方拼命搜寻乔治团伙的时候，他们要找的人正躲在暗处养伤。据乔治回忆，当时他自己都不相信他能挺过那晚，他甚至已经做好了死亡的准备，他告诉团伙的其他成员，如果第二天他没有醒，就把他放在浴缸内，在他身上放满冰块并打开制冷机，随后将整个浴室封起来，这样他的尸体就可以多保存两天。他还让这些人多付两天的房费，在门的外面挂上"请勿打扰"的牌子，这样他就可以在警方发现他的尸体之前为其他人争取两天的时间。

但命运决定乔治不能死在这里，他挑选的抢劫犯唐纳德·纽波利发挥了作用，这名抢劫犯随身带有鱼线，他首先在乔治嘴里塞了一条皮带，让其他人压着乔治的四肢，然后他用烧热的鱼钩将乔治体内的子弹取出，并用鱼线将乔治腰间的伤口缝了起来。

在乔治恢复行动能力之后，整个团伙逃向了西面的科罗拉多，在这里他们花了 13000 美元在一处森林公园房车营地内买了一个露营基地。在这处营地内，乔治团伙开始尝试融入当地社区，他们像正常人一样去超市购物，去桌球房娱乐，去参加《圣经》学习，他们甚至在这里弄到了新的驾照和车辆。

乔治认为，只要他们在法律允许的范围之内做事情，那他们就不会被警方发现。但乔治所不知道的是，该案件的负责人——FBI 主管丹妮·戴芬巴特已经签署了联邦授权的 UFAP（非法飞行免于被起诉），这个授权的签署使得整个搜索行动转变成美国全国性的大范围搜索。

马克·莫深被任命为此次大范围搜索的总负责人，他认为乔治团伙很可能在某个偏僻的地区充当廉价劳动力，以此来躲避警方搜索，他决定在全国性的电视节目中公布这 7 名逃犯的照片，这一次联邦调查局交上了好运。房车营地的负责人看到了这条新闻，他马上意识到住在自己营地内的7 名外来者就是电视新闻上所报道的 7 名逃犯。在经过一番挣扎之后，该营地的主人决定向 FBI 报案。

接到报案后，FBI 迅速派特工包围了这座公园，他们通过狙击枪上的望远镜看到了乔治团伙的位置，他们占据着整个营地的最高点。虽然掌握了乔治团伙的具体位置，但是如何在公园内实施抓捕就成为 FBI 最头痛的事情。他们首先要保证其他人的安全，还要确保不能惊扰到犯罪团伙，不能有人被犯罪团伙所挟持。

在警方制订抓捕计划的时候，公园的管理者主动表示自己会协助警方，他利用早上巡视营地查看房间的机会，探明当时房车内只有 4 人，并且有两个人很快会开车去小镇上办事。不久，一辆银灰色的吉普车向营地外驶去，但和营地管理者描述的有所不同，车内不是两个人而是 3 个人。

警方迅速跟上这辆银色的切诺基，他们需要在合适的位置抓获车中的 3 名匪徒。为了将损失降到最低，FBI 决定等这些匪徒停车后再实施抓捕。

几分钟后，这辆切诺基开进了一个加油站，FBI 决定抓住这个机会，就在这辆车停下的一瞬间，将近 20 名特警从四周围了上来，车内的匪徒惊呆了，他们根本没有发现自己被跟踪了，而他们也不敢反抗，他们害怕被特警当场击毙。就这样，特警顺利将车内的 3 名凶徒抓获，他们分别是迈克尔·罗德里格斯、约瑟夫·加西亚和乔治团伙的首领乔治·里瓦斯。

与此同时，警方对乔治团伙居住的房车实施了包围，他们用扩音器与车内的凶徒们保持联系，敦促凶徒们投降。就在警方喊第二遍的时候，兰迪·哈帕林走出房车向警方投降，从他的口中警方得知，车内还有一名凶徒拉里·哈帕。

在之后的 4 个小时中，拉里·哈帕拒绝投降。在经过全力交涉之后，拉里说他要和他的父亲通一个电话（拉里的父亲是一名高官）。警方拨通了拉里父亲的电话，他的父亲却只说了一句"你们杀了他吧"，便挂断了电话，不久拉里在车内自杀身亡。事后，据拉里的同伙讲，拉里的父亲知道他要越狱，他警告拉里如果他敢越狱，那他就会和拉里断绝关系。

此时依然有两名匪徒逃脱在外，据营地的管理者提供的线索，警方得知这两名匪徒乘坐的是一辆棕红色的汽车。两天后，警方得到确切的线报，这两名匪徒正待在科罗拉多州科泉市的一家酒店内。特工们在将这家酒店包围之后，秘密将店内的房客转移。做完这一切之后，FBI 通过酒店的室内电话联系上了这两名匪徒，在经过几番挣扎之后，这两名匪徒决定投降，但他们要用投降换来一个在电视机上向公众直播的机会。FBI 同意了他们的请求。

随后这两名匪徒缴械投降，令人感到滑稽的是，他们竟然在电视直播中指责政府，他们声称这次越狱行动全是政府一手导致的。当然，这些话是没有人会相信的。

6 名存活下来的囚犯被转移到联邦司法部监狱内看管。不久之后，这 6 名囚犯都被法院判为有罪，并因为谋杀警察奥布里·霍金斯而被处以死刑。迈克尔·罗德里格斯的父亲劳尔因为在监狱附近的沃尔玛停车场向乔治团伙提供逃跑使用的车辆而被定罪，被法院处以 10 年监禁，但他在服刑 5 个月之后便被保释。迈克尔在 7 年后被执行死刑，其他 5 名暴徒则在监狱中慢慢等待死亡的到来。对于正义来说，死前的煎熬也正是处罚他们的最好形式。

第二十章

迟到的正义——追凶 20 年

　　接下来，警方又从丹尼斯的口中得知了另一件让人后怕的事情，丹尼斯在作案后的第二天曾试图自杀，但他最终没有动手。丹尼斯在自杀未果之后被送进了医院，他和詹妮弗就住在同一楼层，因为当时丹尼斯已经刮了胡子，所以护士并没有认出丹尼斯。如果警方没有在詹妮弗门外留下一名警察的话，那丹尼斯继续杀害詹妮弗的可能性仍然很大。

　　2008 年夏，在 FBI 旧案处理中心，特工理查德·瑞尼森正在深挖一起旧案，这件发生在 18 年前的旧案让理查德十分震惊。这起案件凶手的作案对象和他所使用的作案手法都是理查德最深恶痛绝的，而凶手竟然还没有被警方抓获！一想起那名被害人的惨状，理查德就不由得想起了自己和被害人同岁的女儿。他暗下决心，一定要在有生之年将凶手抓获。理查德决定联合得克萨斯州警方，重启这起尘封 18 年的旧案。这次，警方无论如何都要将这起案件破获，他们需要还给被害人一个公道！

　　FBI 首先要做的就是调查凶手，他们要足够多地了解凶手的信息。通过凶手的作案手法得知，凶手很可能是一名有着强烈性幻想并且在性幻想中带有性虐待的变态狂（程度有待估测）。这类凶手最大的特点是他们在作案的时候通常会使被害人感到极大的屈辱和痛苦，而凶手则通过被害人表现出来的痛苦和屈辱来获得快感。这类凶手是非常危险的，因为他很可能会因为内心中所产生的强烈性幻想而偶然性作案，这种重视杀人过程的凶手无疑是被害人的噩梦。

　　事情还要从 18 年前说起。1990 年 8 月 11 日，在得克萨斯州的迪金森，一位母亲被清晨的阳光唤醒，她看了看放在床头的时钟，时间已经不早了。这位母亲开始呼喊她的女儿詹妮弗起床上学，但詹妮弗并没有回应她。母亲来到詹妮弗的卧室，她发现詹妮弗的床上空空如也，女儿竟然没有在卧室内，她急忙寻找了整间卧室，但女儿明显没有在和她玩捉迷藏，她不在家。母亲焦急地寻找了几十分钟，但她并没有找到詹妮弗或者得到詹妮弗在哪里的信息。母亲决定拨打 911 报警。

　　当地警方迅速赶到詹妮弗的家，他们在仔细搜查过詹妮弗的卧室之后发现，詹妮弗卧室外的窗子是打开的，但窗子上的落尘已经被人为清理过了，警方不能从窗子上得知詹妮弗是自己离开的还是被他人胁迫的。

迪金森是一座安静的小镇，尽管这里环境优美，但很少有陌生人来到这里，而在迪金森也几乎没有发生过任何暴力性事件，所以孩子们经常会在清晨独自去野外玩耍，警探们安慰詹妮弗的母亲，她的女儿很可能自己跑出去玩了。随着时间的流逝，警方也开始着急起来，他们害怕年仅8岁的詹妮弗会在野外走丢或者被一些陌生人诱拐，于是警方决定展开大范围搜查。

就在詹妮弗失踪后不久，9岁大的科鲁兹·拿内兹在他母亲的嘱咐声中与小伙伴们一起跑向野外玩耍，他和小伙伴们决定去一个有着和他们差不多高野草的草丛中玩捉迷藏。这片距离他们家屋后不远的草地看起来与往常并没有什么不同，孩子们兴奋地冲进草丛内开始寻找能供自己躲藏的地方。就在游戏开始后不久，科鲁兹便被一个小伙伴从藏身之地叫了出来，他从那名伙伴的口中听出了恐惧，科鲁兹以为这名小伙伴看到了一条蛇或者一只野狗，他害怕小伙伴受伤，于是迅速跑了过去。

科鲁兹跑到现场后，发现这里并没有蛇或者狗。科鲁兹顺着小伙伴指的方向又往前走了几步后，看到了一幅令他一生都难以忘记的画面——一名喉咙被切开的小女孩赤身裸体躺在一个火蚁窝边，她身边还流了一大摊血。小女孩看起来像是死了，这样血腥的一幕吓坏了科鲁兹，他大叫着往家里跑。他的妈妈在弄清状况之后迅速向警方报了警。当地警方和救护车火速赶到现场，他们也被眼前的这一幕惊到了。失踪的詹妮弗·库斯特被警方找到了，但她现在奄奄一息。

在警方和医院的档案中，我们可以看到这名小女孩几乎是硬撑着攥紧了自己的生命，她坚持到了获救的那一刻。詹妮弗被空运到加尔维顿的一家医院内抢救，在这里医生判定詹妮弗曾遭到很严重的强暴，而她的喉咙也被凶手用利刃从左至右划开了，詹妮弗的声带被割断。从警方拍摄的伤口照片中，我们可以清楚地看到，詹妮弗大半个脖颈上都是伤口，这样一个巨大的伤口通常只会出现在死者身上。

　　尽管医院进行了紧急抢救，手术也成功了，但就算是抢救詹妮弗的主治医生也不能确认她是否能够逃过这一劫。幸运的是，詹妮弗从死神的手中逃了出来，这是一个几乎不可能发生的奇迹。医生告诉詹妮弗的母亲，即便詹妮弗能够活下去，那她也没有可能再开口讲话了。詹妮弗脖颈上的伤口意味着凶手当时是想要杀死她。詹妮弗不能讲话也使得警方很无助，他们很难从詹妮弗口中得到其他线索。

　　为了能让詹妮弗坚强地活下去，在詹妮弗术后昏迷的一段时间内，母亲和注册护士莎郎·麦克布里德一直紧握着她的手，给她加油打气，她们告诉詹妮弗她是最坚强的，她们要帮助詹妮弗与死神抗争。

　　迪金森警方现在需要确保詹妮弗的安全，他们在医院门外留了一名警察来专门保护詹妮弗。警方不能抱任何侥幸心理，这项决策的正确性也在20年后得到了证实。对于迪金森警方来说，詹妮弗案件是他们从未见过的凶案，在他们这个地区，从来没有发生过类似的案件，这让他们如临大敌。

　　如何找到有用的线索是警方面临的难题，探员们首先搜查了詹妮弗被抛弃的地点。证据分析员约翰·普鲁伊特使用紫外线光在距离被害人被遗弃地点一两米的地方发现了一团极细小的棉纤维，这团棉纤维很可能是凶手在作案过程中不小心割下的，现在警方需要找到与这团棉纤维相匹配的东西，他们决定扩大搜查范围。

　　不久，警方便在两个街区以外的地方找到了詹妮弗的粉色睡衣和内裤，这两件衣物被包裹在一件浅蓝色的男士 T 恤衫内。证据分析员迅速赶到，他在采集这些证物的时候还在这些衣物内发现了一条男士内裤，而这条内裤上还有一块精斑。

　　这些证物的发现对现在的科技来说，意味着警方无疑已经掌握了最重要的线索，但在当时，DNA 还是一个生僻词。即便是在美国，有关 DNA 的研究也尚处在婴儿期。尽管警方将这些证物移交到了该郡最顶尖的 DNA

研究中心，但这个研究中心研究 DNA 也不过只有两年的历史。对当时的
研究中心来说，如果想要检测出完整的 DNA，那他们就需要至少一升的精
斑、体液或者血液，而警方提交的证物显然不能让他们保持乐观。

就在探员们等待研究中心的研究结果时，他们获得了一个出人意料的
突破口，詹妮弗在她母亲和莎郎的照顾下苏醒了，而且随着詹妮弗状态的
恢复，她迫切地想要向警方说明自己的遭遇，这让警方感到欣喜。警方没
想到这个孩子竟然没有像其他被害人那样逃避那段噩梦般的经历。詹妮弗
开始使用纸笔与警方进行交流，她还在护士莎郎的鼓励下与素描师合作画
出了凶手的素描画像。

从詹妮弗提供的线索中，警方得知袭击詹妮弗的凶手是一名二三十岁
的白种男人，他留着深色的短发和遮住半张脸庞的胡须。案发当天，这名
男子开着一辆蓝色的别克轿车，警方还从詹妮弗的笔下得知了这名凶手的
名字——丹尼斯。警方迅速将这张素描像和凶手所驾驶的车辆以公告的形
式张贴在公共区域，他们希望得到民众的帮助。不断有民众向警方打来电
话，但这些线索没有一条与凶手有真正的联系。

就在案件陷入停滞的时候，詹妮弗再一次给警方带来了惊喜。8 岁的詹
妮弗爱吃糖果，她向母亲索要糖果，但医生嘱咐詹妮弗不能吃糖果，母亲
拒绝了詹妮弗。得知这个结果的詹妮弗竟然生气地发出了一个短促的音调，
这个声音不但惊到了她的母亲，还惊到了詹妮弗，就连她自己也不敢相信
她竟然发出了声音！尽管医生并不认为这是一个好现象，但詹妮弗还是开
口说话了，这简直是一个奇迹。在詹妮弗的叙述中，警方得知了整个案件
的全部过程。

案发当晚，詹妮弗和母亲像往常一样上床睡觉。在半夜的时候，詹妮
弗因蚊子叮咬而醒了过来，她一边驱赶蚊子一边弄醒了母亲，他母亲决定
让她回到自己的房间独自睡觉，因为她在詹妮弗的床上挂了蚊帐。回到室
内的詹妮弗将储蓄罐和图画书拿了出来，玩了一会之后便抱着书本睡着了。

　　大约在夜里2时30分，一名男子悄悄地打开了詹妮弗卧室外的窗子（詹妮弗家在一楼，警方推测他可能是被卧室内的灯光引过来的），他走进室内轻轻地将詹妮弗抱起，然后又从窗子逃了出去。詹妮弗在梦中惊醒，她看到自己被一名陌生男子抱在怀中，她想要大声呼救，可这名男子马上用手捂住了詹妮弗的口鼻。他迅速将詹妮弗抱向了他停在路边的车内，随后这名男子便将车子开走了。

　　在车内，这名男子松开了捂住詹妮弗口鼻的手，他向缩在一角的詹妮弗说话，告诉詹妮弗他是一名便衣"警察"。詹妮弗当时只有8岁，而学校和家长都教育他们要相信警察，警察是好人。詹妮弗便在这名"警察"的安慰下相信了他。8岁的詹妮弗正是一个充满好奇心的小女孩，她开始和这名警察说话，詹妮弗问了这名"警察"许多问题。不知不觉中她就被"警察"带到了几千米之外。

　　他们还从詹妮弗祖父母家的门前经过，在路过这里的时候，詹妮弗曾请求这名"警察"将她放在这里就可以了，但这名"警察"以家里没人为由拒绝了詹妮弗。最后这名"警察"将詹妮弗带到了她上学的小学学校门口。

　　"警察"将车停在校外的停车场上，他让詹妮弗看头顶的月亮，等到月色变成特定的颜色之后，詹妮弗的妈妈就会来接她了。"警察"还给詹妮弗糖果，但詹妮弗并没有接，她记得老师曾让他们不要接受陌生人的糖果。在校门口停了一会之后，"警察"开车将詹妮弗带到了一块草木茂盛的野地内。

　　"警察"将车停好之后告诉詹妮弗，他的枪就在车子的后座上。他对詹妮弗说如果她想看就可以自己去拿，詹妮弗想要看一看警察的枪，于是她从车座中间向车后面爬去，就在她将头伸进车后座的一瞬间，"警察"突然扯下了詹妮弗的内裤，他就在车的前排座位上强奸了詹妮弗。

　　詹妮弗昏了过去，等她醒来的时候，她发现自己正被"警察"抓着脚踝在地上拖行。"警察"将詹妮弗丢在一个火蚁窝旁就转身走了。詹妮弗挣扎着想要呼救，但她发现自己几乎不能动也发不出声音，此时的詹妮弗还不知道她的喉咙已经被凶手割破了，直到詹妮弗的右手恢复知觉以后，她才摸到自己的脖颈被切开了一个大口子。

在摸到伤口的时候，詹妮弗就知道她很可能要死了，她开始在内心中祈祷，为她的家人，为她所接触到的一切祈祷。当死亡即将来临的时候，詹妮弗并没有感到恐惧，她知道到自己快死了。命运不肯将所有的苦难都降临到詹妮弗的身上，詹妮弗不仅活了下来，而且她又重新得到了声音。詹妮弗在医院内接受了大范围的治疗，但她在出院之后的 3 年中都不得不在喉咙中插上一根呼吸管。

伤痛不仅仅遗留在詹妮弗的记忆中，她的经历让她在很长一段时间内都畏惧男性，而这次强奸也让她再也没有怀孕的可能。康复中的詹妮弗特别热衷于讲话，她试图通过讲述自己的经历来驱散内心中的阴影，只要有人愿意听，詹妮弗都会向他们讲。

就在警方根据詹妮弗提供的线索进行大范围的搜索时，DNA 研究中心也传回了消息，他们无法从警方收集的证据中提取到 DNA，但他们确认在现场发现的纤维和两个街区外丢弃的男士内衣是相匹配的，实验室还在男士内裤的里层发现了两根男性阴毛，但受限于当时的技术，分析师担心鉴定这两根毛发会毁掉这一证据。调查人员决定将这些证物封存，直到他们找到了确切的嫌疑人之后再将证物启用。

1993 年，有关詹妮弗一案出现了新的转变。詹妮弗在一份报纸上看到了一则讣告，詹妮弗觉得讣告上的照片和袭击过自己的那个男人很像，这个男人是因为在监狱中与人发生打斗而意外身亡的，而他原来还是詹妮弗妈妈的高中同学。詹妮弗的妈妈在仔细思考后，认为这名男子很可能就是伤害女儿的凶手，于是她给警方打了电话。

警方决定动用那两根毛发，但讣告上的那名男子的尸体已经被狱警掩埋了，研究人员只好对比血型，但检验结果排除了这名男子的嫌疑，他不是伤害詹妮弗的凶手。詹妮弗一案再次进入了停滞，警方只能将这起案件暂时封存。

15年后，詹妮弗一案有了新的线索。2008年1月，迪金森警方安排蒂姆·克罗米探员重查这起悬案。蒂姆很快就得到了理查德的帮助，理查德原来专门稽查针对青少年儿童的犯罪，他认为蒂姆首先应该重新整理这起案件中的所有证据。

在看过这些证据之后，蒂姆和理查德都认为，这名凶手要么是一个非常熟悉迪金森地区的人，要么就是一个本地人。要知道，詹妮弗家距离45号州际公路只有约400米，这条道路是通往赫斯顿和加尔维斯顿的主干道，而发现詹妮弗的地方则是迪金森内部一个交通非常封闭的地方，这个地方只有一条路可以进出，所以不是非常熟悉这个地区的人是不可能选择这里作案的。理查德认为，凶手至今没能被抓到很可能是因为他已经逃离了这个地区，并且他还很有可能在其他地方被抓进监狱。

在整理所有证据的时候，理查德发现了当时封存在加尔维斯顿警局的重要证物——带有精斑的男士内裤。理查德迅速将这件证物移交到联邦调查局DNA检验中心，在这里他们拥有最先进的DNA检测技术。尽管掌握着如此重要的证据，但警方依然没有掉以轻心，他们在等待证据鉴定结果的同时展开了新一轮的调查，而在这时他们也得到了FBI儿童绑架案快速行动小组的支持。

已经26岁的詹妮弗也开始参与此次案件的调查，她与警方沟通并尽可能地向警方提供凶手的作案细节，她想要在法庭上见到这名曾经伤害过自己的凶手，让他知道当初选择伤害自己这个只有8岁的女孩，是他人生中犯下的最大错误。FBI让詹妮弗和素描画师合作重新绘出了一幅强调年龄的凶手素描像。詹妮弗也参加了打击犯罪类的电视节目，向全国的观众讲述她的故事，警方还发布了1万美金的悬赏通告，他们希望有人能够提供新的线索。

2009 年 9 月，联邦调查局 DNA 实验室从警方提交的男士内裤上提取到了一份基因数据，他们现在缺少的是与之相匹配的 DNA 数据。要知道在当时，美国官方不可能掌握所有人的 DNA 样本。在这种情况下，FBI 只能决定将这份 DNA 档案与 DNA 数据库中的相比较，他们希望那名凶手的 DNA 就在档案库中。

让所有人吃惊的是，这次带有赌博性质的比对竟然找到了基因匹配者。1997 年，这名 DNA 和档案相符的男性在阿肯色州热泉郡犯了绑架罪，正是因为这次犯罪，他的 DNA 才会被 FBI 收集到档案库中，这个人就是丹尼斯·厄尔·布拉德福德。FBI 现在要做的就是，证明这个人就是在迪金森伤害詹妮弗的凶手。

理查德开始监视丹尼斯。如果只从外表上看，绝对不能把丹尼斯和一名罪犯联系起来，他有着稳定的工作，有家庭和孩子，丹尼斯就像是一个顾家的上流社会公民。但丹尼斯在迪金森有着一段并不光彩的记录，他在伤害詹妮弗的 3 年前曾因交通肇事而被法庭传讯。

不久，警方找到了丹尼斯在迪金森的住址，这个地方距离詹妮弗家很近，如果按直线距离来算的话，从丹尼斯家到詹妮弗家不到 200 米。警方还从交通部获得了丹尼斯的驾照，照片上的男子和 20 年前警方公布的素描像十分相似，而丹尼斯从迪金森搬往热泉郡的时间就在詹妮弗被袭击后的第 4 天。

搬到热泉郡的丹尼斯并没有改掉自己性幻想的毛病。1996 年，丹尼斯在酒店遇到了一名 35 岁的女性，他不断邀请这名女性跟自己去喝一杯，最开始这名女性是拒绝他的，但丹尼斯依然不依不饶地纠缠她，过了一段时间之后，这名女性答应了丹尼斯的要求。他们在酒吧关门之后决定一起去兜风，丹尼斯还答应要带她去听音乐会，这名女性就随着丹尼斯上了他的车。

不久后，丹尼斯将车开进了一个废弃的死胡同，他在那里攻击了这名女性。他将这名女性拖到车外强奸了她，并且在强暴了她之后，用刀子在她的脖颈上割了一个比较浅的伤口。可能是觉得自己太仁慈，丹尼斯又将这名女性的脑袋按进一旁的溪水中，他试图溺死这名女性，但不知道因为什么停了下来。

丹尼斯放过了这名女性，他还给她整理了衣服，在做完这一切之后丹尼斯开车走了，但他的车牌号却被这名女性记了下来。

丹尼斯在第二天被警方抓捕，在法庭的审讯中，陪审团无法确定丹尼斯是否强奸了这名女性，他们只以绑架伤害罪判处丹尼斯监禁 12 年。因为这次入狱，丹尼斯的 DNA 被警方采集到，并移交给联邦调查局的 DNA 数据库。

丹尼斯在服刑 3 年后，于 2000 年 2 月被保释出狱。出狱之后，丹尼斯迁居到小岩郡，在这里他开始了看似正常的生活，但他的正常生活马上就会被 FBI 打破。FBI 和小岩郡警方联手制订了一个抓捕计划，他们首先通过监视丹尼斯掌握了他的作息规律，在有足够的把握之后，警方决定在丹尼斯上班的途中对他实施抓捕。

2009 年 10 月 13 日，丹尼斯·布拉德福德和妻子在上班的路上被警方抓捕，丹尼斯并不认为自己犯了什么罪，所以他没做任何反抗就被警方逮捕了。

2009 年 10 月 15 日，27 岁的詹妮弗·库斯特在等待了将近 20 年之后，终于再次见到了当初那名自称"警察"的凶手。丹尼斯被警方押解到得克萨斯州，在这里他将面对 FBI 的审讯以及即将到来的庭审。詹妮弗在单向镜外看到了被羁押在审讯室内的丹尼斯，她等待了近 20 年的正义终于来了，这真是詹妮弗生命中最美妙的一天。

丹尼斯被警方指控强奸少女以及谋杀未遂，如果罪名成立，那么他的生命就会在狱中终结。在丹尼斯等待庭审的时候，理查德对丹尼斯进行了审讯，他们问丹尼斯是否听过詹妮弗·库斯特这个名字，丹尼斯说他知道这个名字。在回答了这句话之后，丹尼斯向警方坦白了一切。丹尼斯对警方说詹妮弗是无辜的，而自己是一个病态、疯癫、破烂的小流氓。

在陈述了这一切，并从警方口中得知詹妮弗还活着的时候，丹尼斯一度情绪崩溃，他掩面痛哭，但警方认为丹尼斯这样做是想要博取同情，因为詹妮弗还活着的信息曾经被很多报刊和电视都报道过，丹尼斯不可能不知道这件事情。

接下来，警方又从丹尼斯的口中得知了另一件让人后怕的事情，丹尼斯在作案后的第二天曾试图自杀，但他最终没有动手。丹尼斯在自杀未果之后被送进了医院，他和詹妮弗就住在同一楼层，因为当时丹尼斯已经刮了胡子，所以护士并没有认出丹尼斯。如果警方没有在詹妮弗门外留下一名警察的话，那丹尼斯继续杀害詹妮弗的可能性仍然很大。

詹妮弗等待着法庭的传唤，她要在法庭上告诉丹尼斯，他的行为是怎样改变了自己的生活，但她并没有等到这一天的到来。2010 年 5 月 10 日，在丹尼斯被捕后的第 7 个月，加尔维斯顿监狱的狱警在监狱内发现了丹尼斯的尸体，他用撕开的被罩制作了一个简易套索，他将自己吊死了。丹尼斯竟然以这样的方式结束了自己的生命，詹妮弗等待了 20 年，而正义竟然以这样的方式来临了，这让詹妮弗有些难受。

詹妮弗决定开始新的旅程，她准备在世界各地演讲自己的故事，她要用自己的行动感染那些分散在世界各地的其他被害人，她要用自己胸腔内那颗"勇敢的心"帮助其他人尽快从阴影中走出来，并开始属于自己的新生活！

第二十一章

恶魔的陷阱——"贼喊捉贼"的儿童绑架谋杀案

　　按照梅丽莎的供词，桑德拉并没有进入教堂（桑德拉当时在车上的行李箱中），而百叶窗上的绳索也与行李箱上的相同。

　　警方还从梅丽莎的电脑中找到了有关如何杀害桑德拉、如何弃尸、如何制造假证、如何转移警方视线的文件。警方根据手中所掌握的证据还原了桑德拉失踪前后的时间表。

2009 年 3 月 27 日下午，在加利福尼亚州特瑞西市的布鲁克勒小镇，人们正享受着仲春时分的美妙时光。8 岁大的桑德拉·坎图结束了当天的课程，正兴高采烈地回家，她迫切地想要去做自己喜欢的事情。二年级的课程对于桑德拉来说还不算繁重，所以她在放学之后总显得十分有精力。桑德拉有着活泼可爱的性格，她乐于帮助别人，这使得整个居民区的住户都十分喜爱桑德拉。

这个社区中只居住了大约 100 人，每个人都认识桑德拉，桑德拉也可以轻松地在这些地方找到玩伴，或者去她想要去的地方。在这个社区，桑德拉是永远都不会迷路的。如此纯真甜美的女孩自然也十分受其他孩子们的喜爱，桑德拉从不会缺少玩伴，而其他孩子们也最愿意与桑德拉玩耍。在这个小镇中，桑德拉就像是所有人的孩子一样，本该健康而又快乐地成长。

夜幕降临，晚饭的时间马上就要到了，孩子们都陆续回到自己的家，而桑德拉却没有按时回家，这让她的母亲玛利亚有些担心。时间又晚了一些，玛利亚有些等不及了，她决定给女儿的朋友打电话，问问桑德拉是否在那里，可桑德拉并没有在她的朋友家。玛利亚大声在社区内呼喊桑德拉的名字，可回应她的只有模糊的回声和深沉的黑暗。玛利亚意识到桑德拉很可能遭遇了意外，她决定拨打 911 报警。

晚上 8 时，特瑞西警察局接到玛利亚的报警电话，她 8 岁的女儿桑德拉不见了。桑德拉在下午 3 时放学回家之后，对母亲说她要去和一个女孩玩，随后桑德拉就再也没有消息。特瑞西警察局局长珍妮特·蒂森非常担心桑德拉的现状，她命令警探马上出动寻找这名可能被绑架的女孩。要知道如果桑德拉被绑架，那不管是陌生人做的还是熟人做的，她都极有可能在 3 个小时之后遭遇危险，被绑架的时间越长，她生还的可能就越小。

　　警探马上整理出了有关桑德拉的已知信息，桑德拉和她的母亲、祖父
母以及其他 3 位兄姐生活在一起，当天下午所有的家人都在家，所以没有
家人看到桑德拉到底去了哪儿玩。

　　整个过程只有一个目击"证人"——桑德拉家安装的监控摄像头。在
摄像头记录的画面中，警方可以清楚地看到，一名身穿粉色 T 恤和黑色健
身裤、背着挎包的女孩在下午 4 点钟的时候出现在监控画面中，当时她又
蹦又跳看起来很开心，在即将走出监控画面的时候，警方注意到桑德拉曾
向一侧转过脸庞，她好像在注视什么，随后她就消失了。这条线索让警方
确定了桑德拉失踪的具体时间。此外，警方还发现桑德拉离异的父母曾因
为孩子抚养费的问题起过争执，是她的父亲绑架了她吗？警方很快就排除
了他的嫌疑，桑德拉的父亲在她失踪的时候并不在特瑞西，他不在场的证
据成立。

　　此时，距离桑德拉失踪已经过去好几个小时了，即便是仲春时分，晚
上的气温也依然很低。这样的环境就意味着桑德拉很可能会面临着饥饿、
低体温症以及脱水等状况，这让人们越来越感到焦虑，特瑞西警局的所有
工作人员不由得都将全部身心放在了这起儿童失踪案上，即使他们还有其
他工作要做。

　　黎明时分，志愿者发动了该社区的居民，他们在各个角落寻找桑德拉。
警方出动了血迹搜寻犬和带有红外设备的直升机来搜寻社区内的各个角落。
在寻人的同时，警方还需要对该社区的所有居民进行询问，他们试图从周
围商户或者居民的口中得到有力的线索，但没有人看到过桑德拉，也没有
任何车辆踪迹或者已知嫌犯，桑德拉看起来就像是凭空消失了。

　　特瑞西警局紧急发送了一份儿童走失的报告，这份报告引起了联邦调
查局儿童诱拐行动小组的警觉（该组织由领先世界的儿童诱拐专家组成，
他们可以在 4 个小时之内接手国内任何地点发生的儿童走失案）。特工约
瑟夫·布莱恩负责此案，在联邦调查局的数据档案中，失踪如此之久的桑

德拉有 97% 的可能已经遇害了，而约瑟夫要做的就是在剩余的 3% 中找到桑德拉。

在联邦调查局的调查中，他们很快意识到了寻找桑德拉的难度。桑德拉会与社区内的每一个人交谈，她总会帮助社区内需要帮助的人，她就像是一名志愿者，有着灿烂的微笑，她可以在社区内的所有住户家中做客，而且人们非常欢迎她的到来。也正是因为社区足够小，社区内的每一个人都彼此熟悉，所以，家长才任由孩子们四处玩耍。

FBI 最担心的就是这些，每一个细节的变化都会导致整件事情发生变化。在社区附近设置路障和调查附近每一名居民成了警方的主要任务，否则他们将没有任何可供使用的线索。查找异常和搜寻线索就是他们现在要做的主要事情。

就在警方为毫无线索而苦恼的时候，一名邻居给桑德拉的母亲发去了一条短信。在短信中，这名邻居称自己放在车道上的一个黑色大行李箱被偷了，而这个箱子被偷的时间就在桑德拉失踪的时间段内。桑德拉的母亲在收到这条信息之后马上将它交给 FBI。

FBI 非常关注这条线索，他们知道这名提供线索的邻居家就住在 205 号高速公路旁，这条高速路是连通海港和其他市镇的交通要道，每天都有大量的旅客从这里经过。如果绑匪是在偶然的情况下将桑德拉绑走，那警方就可以从高速运输上着手查找新的线索。联邦调查局的行为分析专家们认为，绑架桑德拉的人很可能是该社区内的熟人，警方应该将主要的精力放在调查社区内的成年男性身上。

在专家们的建议下，特工们开始调查在过去两年内曾经与桑德拉有过接触的男性，这使得整个社区内的男性全在警方的盘查之列。没有犯罪现场也是警方最头痛的事情，这让他们不得不费尽心思去找到任何有利于调查的信息，他们需要从这些信息中推测出绑匪的真实意图。

根据 FBI 的内部推测，他们认为绑架桑德拉的人很可能是她的邻居，或者是非常熟悉桑德拉的人，因为只有这些人是足够了解她的，这样才可以在桑德拉不挣扎反抗的情况下将她绑架。

2009 年 3 月 29 日，桑德拉·坎图已经失踪超过 36 个小时，联邦调查局与特瑞西警局成立了应急行动中心，他们一共派遣了 65 名联邦调查局特工和 26 名特瑞西警局的探员参与此次调查。特工们使用特殊的互联网筛选技巧将警方掌握的所有信息输入进电脑中，他们想要筛选出有利于调查的新线索。警方的大规模搜寻行动，也使得此次搜寻成了加利福尼亚州规模最大的两次搜寻之一。

就在大家都毫无头绪的时候，一名年长的搜寻人员在垃圾填埋场内找到一件粉色的女孩上衣，这件上衣看起来和桑德拉失踪时所穿的很像。所有人在得知这个消息的一瞬间都停了下来，他们的内心不由得都被一只无形的手揪紧了，人们等待着家属的确认。桑德拉的家人们仔细分辨了这件粉色的上衣，他们发现这件衣服尺寸不对，不是桑德拉所有的。

在得到这一消息的时候，所有的搜查人员都松了一口气，他们知道还有希望。血迹搜寻犬只能在有限的范围内嗅到桑德拉的痕迹，当它带着警方走到街道尽头的时候，血迹犬只能判断桑德拉曾去了这条街边的一个街角（就是监控视频中桑德拉望向的地方），到这里之后，血迹犬也不能再嗅到桑德拉去了哪里。

警方对社区内的性犯罪者和假释人员做了重点调查（在 FBI 的档案中，这种曾经犯过罪的人有着 20% 的概率再次犯罪），在这次调查中他们一共列举了 3 位嫌疑人。第一位是在两年前的一个池塘边接触过桑德拉的年长黑人，这名黑人曾经吻过桑德拉。他在和警方沟通的时候表现得非常坦诚，他不仅承认自己对幼女有性幻想，还表示自己对桑德拉没有任何恶意。尽管这名黑人没有任何犯罪记录，但警方依然将他定为嫌疑人之一。

第二位嫌疑人是一名在桑德拉失踪当天来到该社区销售冰激凌的商贩。这名商贩在当天下午来到桑德拉居住的社区，并和桑德拉说了话，桑德拉也在他那里购买了一根冰激凌，而这名商贩此前是没有来过这里的，虽然他在公园管理者的警告中离开了，但警方依然怀疑这名陌生的商人。

第三个怀疑对象是一对独居的继父子。警方在这两名男人的手机中发现了一张桑德拉的照片，照片中桑德拉坐在一个男人的大腿上，她裤子上的第一个纽扣被解开了。警方还在这对父子的电脑中找到了许多幼童的照片。这些照片让警方相信，虽然这两名男子并没有过任何侵犯幼童的犯罪记录，但他们依然有足够大的作案动机。

又一个夜晚到了，警方依然没有取得有效的进展。社区内的人们都默默地集中在一起，他们点燃蜡烛为桑德拉祈祷。孩子们将自己最好的玩具和最漂亮的衣服都拿了出来，他们用这种特有的方式祈祷这个自己喜欢的朋友能够平安归来。3月的夜晚非常寒冷，但没有任何人愿意提前离开，他们都默默地陪伴在桑德拉家人的身边，静静地等待着。

整个祈祷安静而又肃穆地进行着，而在这时一名非常惊恐的女子一边尖叫一边迅速冲进了祈祷现场，她一直冲到站在人群后面的警察身边，向他们大声报告了自己发现的一件让人恐惧的事。警探们感到很惊讶，是什么事情让这名妇人如此恐惧？他们急忙跟着这名妇人赶到了现场——在一个信箱前草地上的显眼处，丢着一张笔记本纸。

警探们在纸上看到了一封匿名信，他们被这封信的内容惊到了，信中写着"坎图就在偷来的行李箱中，箱子在水里面，水在贝切题和怀特霍尔"。这封信的署名是目击者。这些内容甚至让警探忘记了发现这张纸的妇女就是那名曾向桑德拉母亲提供线索的邻居，他们也忽略了这名邻居是如何在漆黑的夜晚发现这封信的，又是如何在没有光照的情况下阅读了信中的内容？

警探们迅速将这封信移交到了 FBI 实验室。实验室的研究人员却发现了一些问题，他们发现这封信中的一些单词被故意写错了，写信的人故意用这种蹩脚但有用的方法打乱自己的笔迹。最重要的是这封信真的是目击者写的吗？是否是绑匪想要故意混淆警方的视线？

第二天凌晨，警方就赶往了信中提到的地方——贝切题和怀特霍尔。这里有一个大水塘，这个水塘接通了一条河和一个奶牛场的排污管道，奶牛场中排放的牛粪让整个水塘成了一个沉淀池，大量的牛粪使得潜水员不能高效地搜寻这里，这种环境甚至让潜水员不能做到有效的定位。没人能确定桑德拉的尸体是不是在这个水塘中，他们只能一步步展开搜查。

在搜查这个水塘的同时，FBI的特工们也将怀疑的目光转向了那名每次都能够在关键时刻发现新线索的女邻居——梅丽莎·赫卡比。警方先对梅丽莎进行了走访询问，她表现得十分配合。在和警方的谈话中，梅丽莎还故意向警方透露，她丢失的那个行李箱大到可以轻松装进一名孩子。

梅丽莎的女儿是桑德拉的好朋友之一，梅丽莎是一名单身母亲，她一个人带着孩子寄居在外祖父家中生活。梅丽莎一家人都是教徒，她的外祖父是附近一家教堂的牧师，而她则在社区小学内任教，这样的身份背景使得没有人会相信梅丽莎会绑架桑德拉，即便是桑德拉的家人，都不会相信梅丽莎会做出这样的事情。

特工们并不这么认为，梅丽莎尽管不在怀疑对象的名单中，但她几次三番地闯入整个调查，甚至试图参与案件的调查过程或者改变案件的调查方向，这让警方很怀疑梅丽莎的动机。最重要的是，梅丽莎的不在场证据有些不太充分，她声称自己在桑德拉失踪当天的下午5时，独自一人待在教堂中准备周末讲堂，而她证明自己的办法就是，她曾在当天下午5时在教堂中给社区管理人员打过一个电话。

FBI在通话记录中核实了这一情况，但他们依然决定搜查梅丽莎的车辆。特工在梅丽莎的车中发现了一张蓝色便笺纸，纸上写了3个单词，但又被涂掉了。警方将这张便签移交FBI实验室，实验人员通过颜色校正、对比度以及阴影处理，分离出了这张便笺纸上的首次书写内容。这3个划去的单词是贝切题、怀特霍尔和水。这3个单词和梅丽莎发现的那封匿名信中所提到的地点相同，警方怀疑应该是梅丽莎写了这封信。

事急从权，警方决定在没有搜查令的情况下搜查她的卧室。在梅丽莎凌乱的卧室中，警方再次发现了新的线索，他们在床头柜下面的格子中发现了一个缺页的笔记本。组成这个笔记本的纸张和那封匿名信所使用的纸张完全相同。在经过特殊光线处理之后，警方从笔记本上残留的痕迹中找到了和那封匿名信相同的字迹，这些证据让警方确信梅丽莎就是写这封信的人，但又是什么原因使她写这封信呢？

就在警方怀疑梅丽莎的时候，梅丽莎反而向警方指证一名可疑的邻居。梅丽莎称桑德拉曾在这名邻居家玩，警方也将这名邻居列入了怀疑对象名单中。现在 FBI 需要做的就是缩小嫌疑人的范围，他们准备对嫌疑人使用测谎。3 组嫌疑人都同意使用测谎，第一、二组嫌疑人通过了测谎，而且他们都有不在场的证明，第三组嫌疑人并没有通过测谎，就在警方准备继续盘问他们的时候，一条重大线索悄然降临了。

有一名奶牛场的工人，在休息的时候偶然看到河堤旁的水中飘着一个黑色旅行箱，他没有轻举妄动，在和工友商议过后，这名工人决定报警。FBI 特工迅速赶到现场，他们在经过仔细观察后发现，这个行李箱的拉链被人用白色的细绳捆上了。

当特工们将这个行李箱捞起来的时候，他们发觉行李箱很重，这让他们觉得有些不妙，他们决定不在现场打开箱子。为了保护证据的完好，特工们迅速将行李箱送到尸检部门。在这里，验尸官亲自剪断了细绳并将箱子打开。

很不幸，出现在法医的面前的是一名年轻女孩，她就像睡着的婴儿一样蜷缩在行李箱中。法医通过她的齿痕和身上所穿的衣服证实，这名女孩就是失踪已久的桑德拉·坎图。这一消息让所有的人都感到很悲痛，探员们不敢相信这是真的，直到上一刻他们都宁愿相信这位"小天使"依然活着，可现在他们唯一能够帮助桑德拉的事情就是，帮她抓到凶手并将凶手绳之以法。

　　没多久，法医便整理出了一份详细的尸检报告，法医在桑德拉的体内发现了苯二氮类的药物（强效迷药），桑德拉的体表没有明显的伤痕，但法医明确表示她曾受到性侵，并判断凶手性侵桑德拉所使用的物体是一件异物。桑德拉的衣物完好地穿在她的身上，这说明凶手在杀死她之后曾整理过她的遗体。警方据此推断凶手应该十分熟悉桑德拉，在杀死桑德拉之后，她的内心中曾产生了愧疚，因此她整理了桑德拉的遗体，她不想桑德拉死得过于难看。

　　桑德拉的死让所有工作人员心中都充斥着一股怒气，这股怒气将会转变成为一种动力。此时，梅丽莎已经成了警方的首要怀疑对象，尸体是在匿名信上提到的地方发现的，这封信又是梅丽莎所写的，而那个黑色行李箱也是梅丽莎的（自称被人偷走了），这些证据无不间接指证了梅丽莎。

　　警方决定对梅丽莎进行测谎，可就在他们传唤梅丽莎的时候，梅丽莎竟然因吞咽刀片而被送进医院接受治疗。在梅丽莎看来，这可能是逃避警方的一种方法，而对警方来说，这也是他们收集其他不利于梅丽莎证据的最佳时间。警方走访询问了梅丽莎的家人，从梅丽莎家人的口中得知了她曾经的黑暗经历。

　　3 个月前，梅丽莎曾在百货商店有偷窃行为，而另一名家长则指控梅丽莎在未经自己允许的情况下带走她的女儿，并对她女儿下药。她的女儿在回家之后出现了晕眩、呕吐、昏倒等症状，在医院中，医生发现这名女孩的血液中含有苯二氮类药物。梅丽莎否认了这项指控，而这项指控也因为证据不足没能生效。在两年前，尚居住在加利福尼亚州帕尔马的梅丽莎曾参与两次纵火，但这两次纵火都因证据不足而作罢。医生认为梅丽莎的精神有问题，她有精神分裂而且经常郁闷烦躁，她需要用药物来使自己获得精神稳定。

　　显然，这一次命运之神并不想偏袒梅丽莎。就在警方收集证据的时候，一名住在怀特霍尔路旁的住户指认，自己曾看到梅丽莎在桑德拉失踪后的傍晚时分来过这里。因为当时这名目击者要和妻子去一家餐厅吃饭，所以他们记得当时的时间。据目击者称，当时梅丽莎将一辆 T 型小汽车停靠在水塘边，在目击者观察这辆车的时候，梅丽莎从水塘后边走了过来，他们之间还曾有过交谈。

在掌握了这些间接证据之后，警方搜查了梅丽莎外祖父的教堂。一名探员在教堂内周日讲堂旁的百叶窗边发现了一根与绑在行李箱上完全相同的绳子。另一名探员在教堂后面的厨房中发现了一根一端弯曲、顶端带有红色污迹的擀面杖。警方决定将这两样物品带走，送到 FBI 实验室化验取证。警方现在要做的就是一边监视梅丽莎，一边等待实验室的化验结果。

在住院 5 天之后，梅丽莎出院回家了，她的家此时已经成了一个空家，她的女儿和外祖父已经搬走了。梅丽莎独自居住在家中，警方在梅丽莎不知情的情况下监听了她的电话。可能是认为自己已经逃离了警方视线，梅丽莎在回家后的第二天便打电话给桑德拉的姐姐，邀请她来自己的家中与她的女儿玩（她女儿已经悄悄搬走）。

2009 年 4 月 10 日，杀人嫌犯梅丽莎邀请被害人的姐姐来家里玩，而此时桑德拉的家人并不知道梅丽莎就是杀害他们女儿的凶手，他们同意大女儿去梅丽莎家玩。警方在得到这一消息的时候马上派遣探员鲍比赶往梅丽莎家，他希望最坏的事情还没有发生。不久，鲍比便敲开了梅丽莎家的门，她的屋内确实有一名小女孩，但是这名女孩并不是桑德拉的姐姐。鲍比说服了梅丽莎，让她随自己回到警局例行一次"常规"询问。

在审讯中，鲍比指责梅丽莎伪造有关行李箱的留言条，警方向梅丽莎展示了手中所掌握的证据，但梅丽莎否认这些指控。在经过 5 个小时的心理斗争之后，梅丽莎崩溃了，她哭泣着向警方称这只是一个意外，她声称自己没有杀死桑德拉，但她却死了。

梅丽莎对警方撒谎称桑德拉的死是因为她与自己女儿所进行的一场捉

迷藏游戏。她说桑德拉在她不知情的情况下藏在了行李箱中，她将行李箱
带到教堂，等她工作结束的时候桑德拉已经死了。梅丽莎称自己曾对桑德
拉做了心肺复苏，但这并没有唤醒桑德拉，于是她就将桑德拉装进箱子并
丢进了距离社区 4 千米外的水塘中。尽管梅丽莎否认自己曾性侵桑德拉，
但她的供词足够警方以谋杀罪逮捕她。就在梅丽莎被捕的同时，FBI 的检
验报告出来了，他们从那根弯曲的擀面杖上面找到了桑德拉的 DNA。按照
梅丽莎的供词，桑德拉并没有进入教堂（桑德拉当时在车上的行李箱中），
而百叶窗上的绳索也与行李箱上的相同。

　　警方还从梅丽莎的电脑中找到了有关如何杀害桑德拉、如何弃尸、如
何制造假证、如何转移警方视线的文件。警方根据手中所掌握的证据还原
了桑德拉失踪前后的时间表。

　　下午 4 时，桑德拉走出监控，梅丽莎将桑德拉叫到自己身边，并用愿
不愿意和她一起布置教堂为由，将桑德拉骗进了她的汽车。梅丽莎还在桑
德拉上车的时候打开后备厢，放上了一个黑色行李箱。8 分钟后，梅丽莎的
车子驶过监控区域。

　　在将桑德拉带进教堂之后，梅丽莎给桑德拉服用了一杯含有苯二氮药
物的饮料。桑德拉在不知情的情况下喝了饮料并昏迷，梅丽莎在确认桑德
拉昏迷之后，于 5 时左右向社区管理人员打电话称自己丢失了一个黑色行
李箱。这样既可以证明自己不在场，又可以在尸体被警方发现之后撇清自
己的关系。

　　做完这一切后，梅丽莎侵犯了桑德拉并将她装进行李箱内，随后开车
去水塘弃尸。下午 6 时左右，目击者看到梅丽莎出现在水塘附近（已经弃
尸返回）。根据警方的推测，在桑德拉的母亲报案之前，桑德拉就已经被
梅丽莎杀死了。

　　2010 年 5 月 10 日，警方以绑架并谋杀桑德拉·坎图的罪名起诉了梅丽
莎。在如山的铁证面前，梅丽莎·赫卡比承认了自己的罪行，但她坚称自

己不是故意的。尽管关于投毒和性侵犯的指控被法院撤销了，但法院依旧判处梅丽莎·赫卡比死刑。

在 FBI 的档案中，所有的女童杀手中，只有不到 10% 的可能是女性。而性侵犯则很可能是因为情绪的发泄，这种情绪多为愤怒、嫉妒或者报复，梅丽莎产生这些情绪的原因极可能是因为善良天真的桑德拉已经取代了梅丽莎在她女儿心目中的位置，梅丽莎因为妒忌从而杀害了桑德拉。